MW01596759

Serie  Enter

*El camino fácil a*

# Excel 7.0 para Windows 95

**MARCO ANTONIO TIZNADO SANTANA**

Revisión técnica
ORLANDO HERNANDEZ VASQUEZ
Ingeniero mecánico
Universidad de América

## McGRAW-HILL

**Santafé de Bogotá ● Buenos Aires ● Caracas ● Guatemala
Lisboa ● Madrid ● México ● Nueva York ● Panamá
San Juan ● Santiago de Chile ● Sao Paulo**
Auckland ● Hamburgo ● Londres ● Milán ● Montreal
Nueva Delhi ● París ● San Francisco ● San Luis ● Sidney
Singapur ● Tokio ● Toronto

**Serie Enter** Excel 7.0 para Windows 95

DERECHOS RESERVADOS. Copyright © 1996,
por Marco Antonio Tiznado Santana
Copyright © 1996, por McGraw-Hill Interamericana S. A.
Avenida de las Américas No. 46-41, Santafé de Bogotá, D. C.,
Colombia

Editora: Luz M. Rodríguez A.

1234567890                                             9012345786

ISBN: 958-600-514-3
(ISBN: 958-600-345-0. Obra completa)

Impreso en Colombia                          Printed in Colombia

Se imprimieron 17.710 ejemplares en el mes de abril de 1996

Impresor   *D´VINNI EDITORIAL LTDA.*

Regresas
al sistema,
al orden
inapelable
de la inteligencia.

Nuevas odas elementales
**Pablo Neruda**

## CAPÍTULO 5

# Crear fórmulas    83

## CAPÍTULO 6

# Creación de objetos gráficos    103

## CAPÍTULO 7

# Impresión de una hoja de cálculo 125

## CAPÍTULO 8

# Macros 143

## CAPÍTULO 9

# Creación de gráficos 161

## CAPÍTULO 10

# Bases de datos 199

## CAPÍTULO 11

# Intercambio de datos con otras aplicaciones 215

### CAPÍTULO 12

### APÉNDICE

### ÍNDICE                                         **255**

**Excel 7.0 para Windows 95** es un título más de la
**Serie Enter** de computación que le ayudará a
comprender de manera clara y amena, la información básica y necesaria para adquirir habilidad en
el mánejo de la hoja de cálculo más utilizada en el
ambiente **Windows 95**.

No pretende ser una guía exhaustiva de todas las
características de **Excel 7.0**, ya que el objetivo del
libro es dar al usuario las nociones sencillas y rápidas en el manejo de esta hojas de cálculo. El libro
tiene ayudas didácticas como ilustraciones, notas,
diagramas y un disco con ejemplos. La última parte
del libro incluye un apéndice con los botones de las
barras de herramientas que se emplean en **Excel 7.0**,
de la siguiente forma:

**Copiar**
Coloca una copia del objeto o texto seleccionado en
el **Portapapeles**.
**Ctrl + C**

Este libro tiene los siguientes elementos que facilitan la lectura y comprensión de los temas:

Cuando aparece un botón al lado de un paso significa que dicha acción puede ejecutarse presionando el botón.

Cursiva

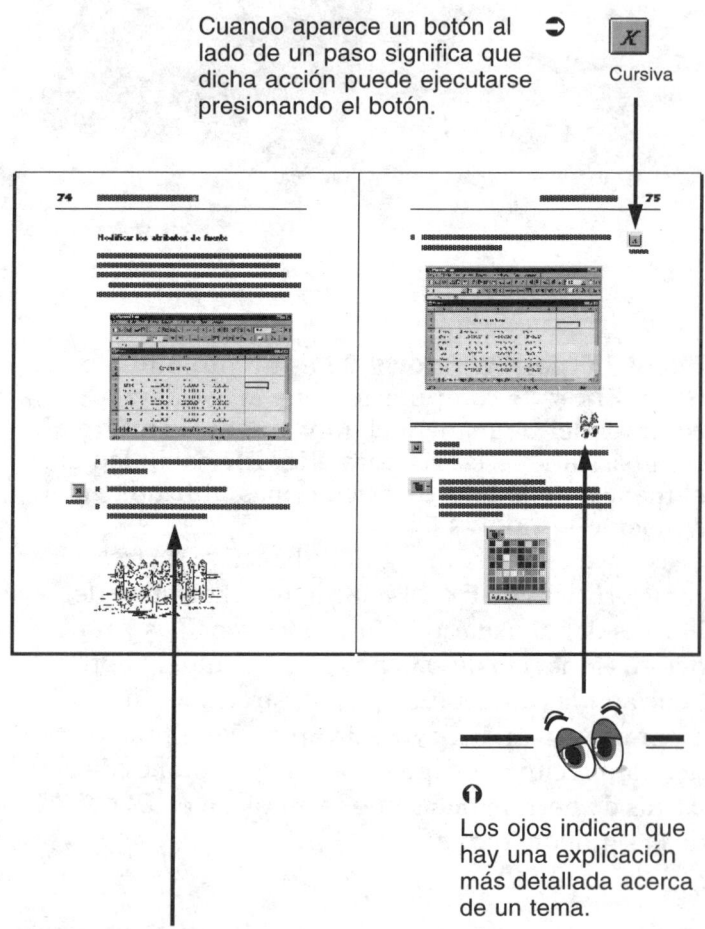

Los ojos indican que hay una explicación más detallada acerca de un tema.

▶ Seleccione el rango A4:D11 que corresponde al resto del texto de la hoja.

Las puntas de flechas indican que debe seguir una secuencia (pasos) para ejecutar determinada tarea.

El disquete incluye algunos archivos que se tomarán como base para complementar la explicación de los temas tratados en el libro. Para instalar estos archivos siga estos pasos:

▶ Entre Windows 95.

▶ Presione el botón **Inicio**.

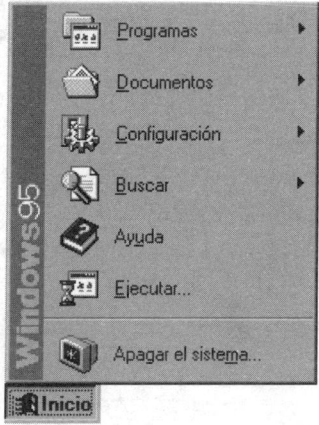

▶ Seleccione **Ejecutar...** y aparece el siguiente cuadro de diálogo:

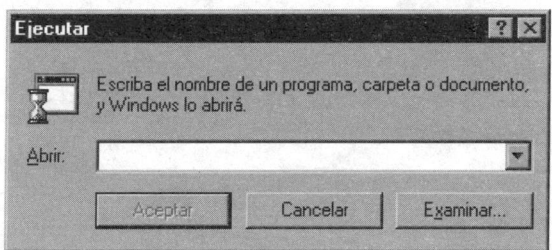

▶ Escriba A:Instalar o B:Instalar y presione el botón **Aceptar**.

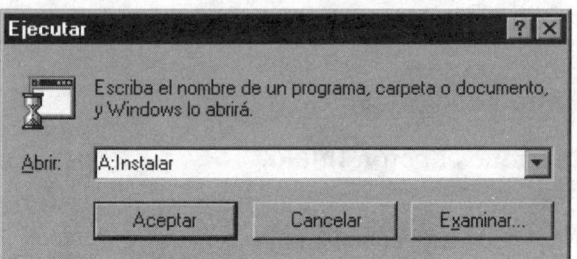

# Comenzar con Excel 7.0

Excel 7.0 es una hoja de cálculo para Windows 95 que ofrece las ventajas de la interfaz gráfica de usuario (GUI), como también la posibilidad de automatizar ciertas tareas repetitivas y de utilizar las herramientas, para hacer más amigable el trabajo.

## Cómo iniciar Windows 95

Cada vez que reinicie el computador, aparecerá el escritorio de trabajo de Windows 95, en el cual se encuentran los iconos de las aplicaciones.

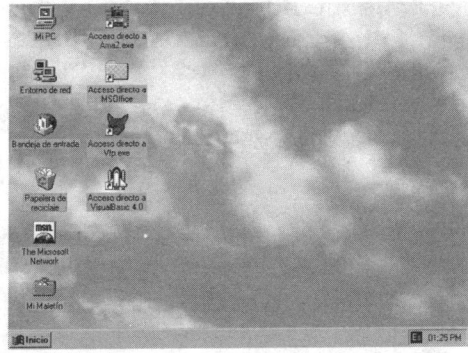

### Características de las ventanas

Las ventanas que presenta Windows 95 tienen el siguiente aspecto:

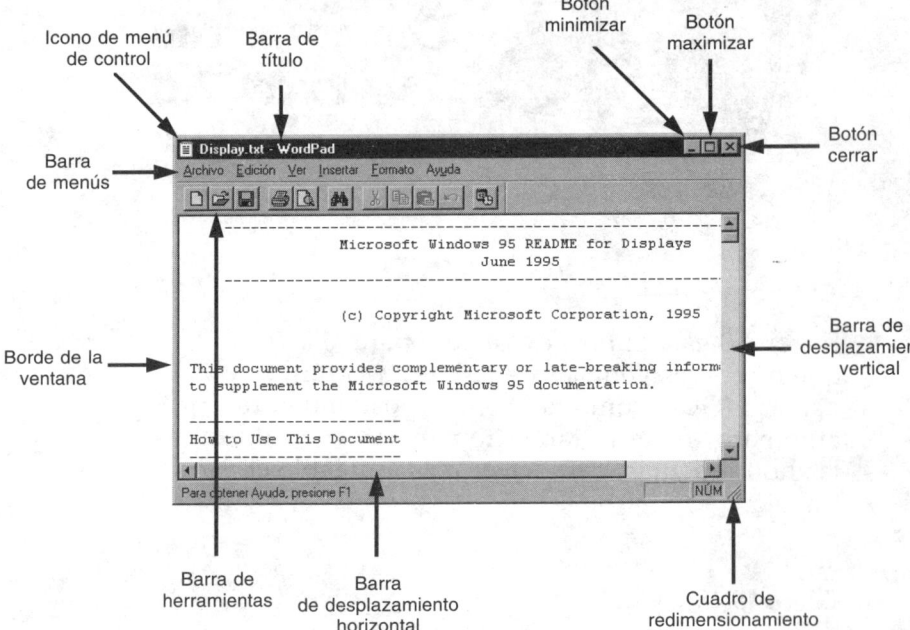

### Borde de la ventana

El borde de una ventana es el recuadro que la delimita, permite modificar el tamaño y moverla. Para cambiar el tamaño, posicione el cursor en uno de los bordes o en una esquina y cuando cambie a la forma de doble flecha haga clic y arrastre el borde hasta la nueva posición.

## Uso del *mouse*

El *mouse* es un periférico que permite seleccionar iconos, menús, opciones, etc., por medio de un puntero en la pantalla.

Para seleccionar con el *mouse*, es necesario hacer "clic" o "doble clic" sobre el objeto deseado. "Clic" significa pulsar una vez el botón izquierdo del *mouse* mientras su puntero señala un objeto en la pantalla.

## Cuadros de diálogo

Los cuadros de diálogo permiten especificar información adicional para que determinada opción pueda ser ejecutada. Por ejemplo, al utilizar la opción **Abrir...** de Excel 7.0 tendrá que especificar el nombre del archivo, el tipo y otra información adicional para abrir el archivo:

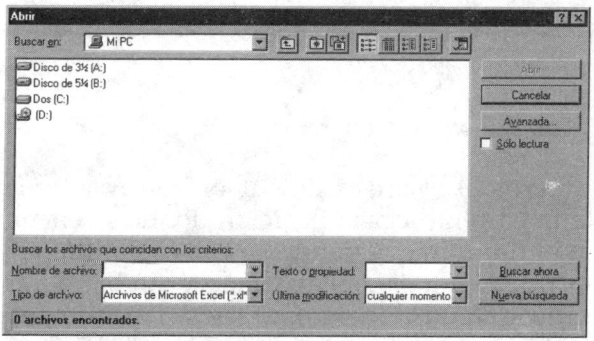

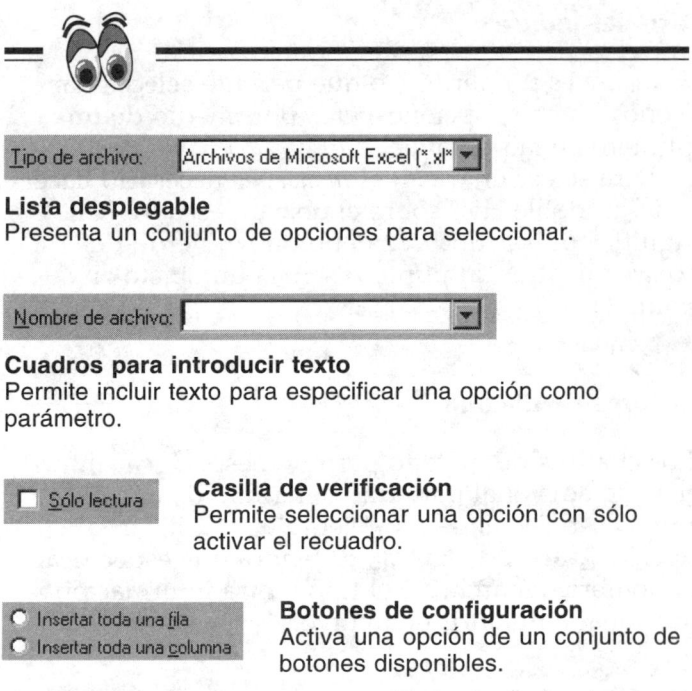

**Lista desplegable**
Presenta un conjunto de opciones para seleccionar.

**Cuadros para introducir texto**
Permite incluir texto para especificar una opción como
parámetro.

**Casilla de verificación**
Permite seleccionar una opción con sólo
activar el recuadro.

**Botones de configuración**
Activa una opción de un conjunto de
botones disponibles.

## Punteros del *mouse* en Excel 7.0

El puntero del *mouse* es un cursor que aparece en la
pantalla para indicar la posición donde se encuentra en el programa. Cuando se coloca en diferentes
partes de la pantalla, su apariencia cambia para
especificar algún tipo de operación. Las diferentes
clases de punteros que aparecen en Excel 7.0 son
las siguientes:

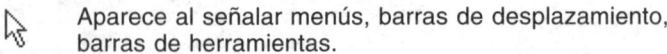 Aparece al señalar menús, barras de desplazamiento,
barras de herramientas.

I    Indica un lugar de área de texto de una celda o
recuadro.

Aparece al pulsar el botón **Ayuda** de la barra de herramientas **Estándar**. Se utiliza para obtener ayuda sobre una orden o región de la pantalla con sólo hacer clic en el lugar deseado.

Indica el borde izquierdo o derecho de una ventana y se utiliza para modificar el tamaño horizontal de ésta.

Indica una esquina de una ventana y se utiliza para modificar el tamaño horizontal y vertical de ésta.

Indica el controlador de relleno de un rango seleccionado.

Indica el límite de cabecera de una columna y se utiliza para modificar el ancho de ésta.

Indica el límite de cabecera de una fila y se utiliza para modificar la altura de ésta.

Indica un cuadro de división de la barra de desplazamiento vertical.

Indica un cuadro de división de la barra de desplazamiento horizontal.

Indica un botón creado con la barra de herramientas **Dibujo** y asignado a una macro.

Indica el área de trabajo de **Excel 7.0**.

## Acciones con el *mouse*

Existen varias operaciones que pueden realizarse con el puntero del *mouse,* por ejemplo, arrastrar un objeto, hacer, doble clic o señalar algo. A continuación se explican las más frecuentes:

✘ **Señalar o apuntar**
Colocar el puntero del *mouse* sobre un objeto específico para realizar una acción con éste.

✘ **Hacer clic con el botón izquierdo**
Señalar un objeto y pulsar el botón izquierdo del *mouse,* para seleccionar los objetos de la pantalla.

✘ **Hacer doble clic con el botón izquierdo**
Señalar un objeto y hacer dos pulsaciones seguidas con el botón izquierdo del *mouse,* para ejecutar una acción.

✘ **Arrastrar**
Mantener pulsado el botón del *mouse* sobre un objeto mientras se desplaza el puntero a través de la pantalla, por ejemplo, para seleccionar o mover un objeto.

✘ **Hacer clic con el botón derecho**
**Windows 95** ofrece la posibilidad de usar el botón derecho del *mouse* para realizar acciones sobre un objeto. Al oprimir este botón aparece un menú colgante con un conjunto de opciones.

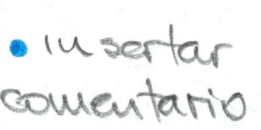
● insertar comentario

| B | C | D | |
|---|---|---|---|
| | | | |
| | Cortar | | |
| | Copiar | | |
| | Pegar | | |
| | Pegado especial... | | |
| | Insertar... | | |
| | Eliminar... | | |
| | Borrar contenido | | |
| | Formato de celdas... | | |
| | Elegir de la lista... | | |

Hoja2 ⟋ Hoja3 ⟋ Hoja4 ⟋ Hoja5 ⟋ H | ◀ |

## Uso del teclado

Si desea seleccionar un menú y sus respectivas
órdenes por medio del teclado, presione la tecla
**Alt** para activar la barra de menús y luego pulse la
tecla correspondiente a la letra subrayada de la
opción deseada.

Por ejemplo, si desea seleccionar la orden
**Guardar** del menú **Archivo**, pulse la combinación
de teclas **Alt + A** y luego presione la tecla **G**.

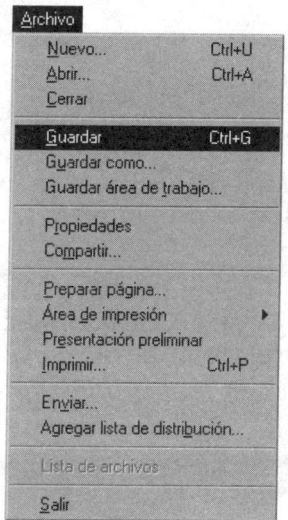

En este libro los nombres de las teclas aparecen
en un tipo de letra diferente, por ejemplo **Enter**,
**Alt**, **Ctrl**, etc.

Cuando aparece un signo más (**+**) entre dos o
más teclas, indica que debe pulsar estas teclas
simultáneamente, por ejemplo, **Ctrl + U**.

## Instalación de Excel 7.0

Para la instalación de Excel 7.0 se requiere:

✘ Un computador personal con un procesador 386DX o superior. Por lo menos requiere 4Mb de memoria RAM y 40 Mb en espacio libre en disco duro (por ser requerimientos de Windows 95, sistema operativo con el cual funciona **Excel 7.0**).

✘ Una unidad de disco de 5¼ ó 3½ pulgadas.

✘ Disco duro.

✘ Tarjeta gráfica EGA, VGA o superior.

✘ El sistema operativo **Windows 95**.

Cumplidos estos requisitos, siga los siguientes pasos para instalar el programa:

▶ Haga clic en el botón **Inicio** de Windows 95, seleccione la carpeta **Configuración**, elija la opción **Panel de control** y se visualizará la siguiente ventana:

▶ Al hacer doble clic sobre el icono **Agregar o quitar programas** aparece el siguiente cuadro de diálogo:

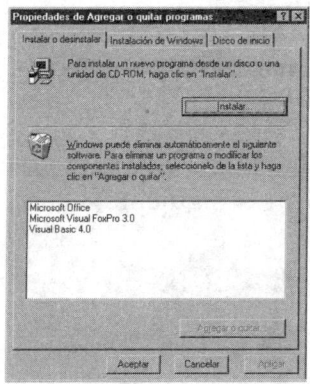

▶ Pulse el botón **Instalar...**

▶ ... y aparecerá el cuadro de diálogo **Instalar programa desde disco o CD-ROM**.

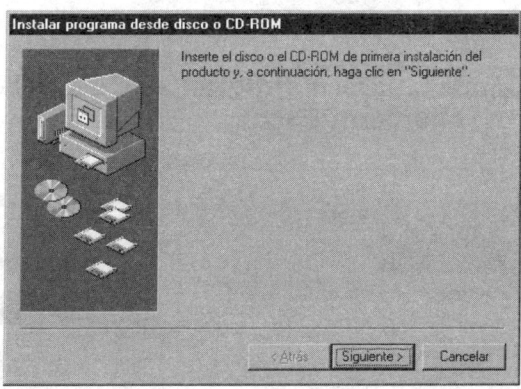

▶ Oprima el botón **Siguiente >**.

▶ Siga las instrucciones del instalador del programa que muestra la pantalla.

### Iniciar Excel 7.0

Para poner en marcha Excel 7.0 debe seguir los siguientes pasos:

▶ Haga clic en el botón **Inicio** de Windows 95, para visualizar el siguiente menú:

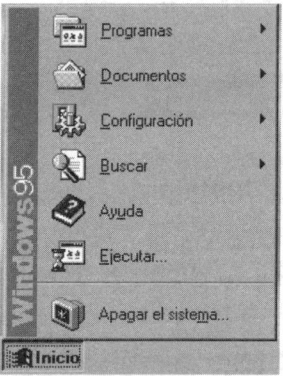

▶ Seleccione la carpeta **Programas** y haga clic en el icono **Microsoft Excel**:

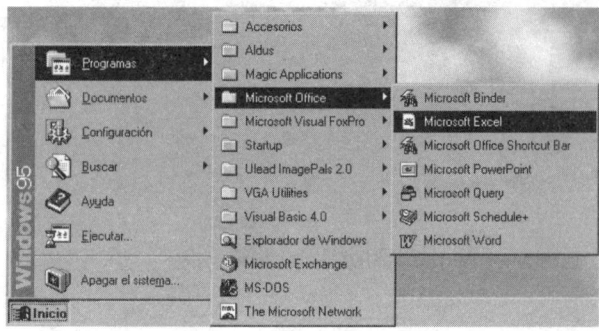

ç  ... y aparecerá la ventana de trabajo *Microsoft* **Excel - Libro1**.

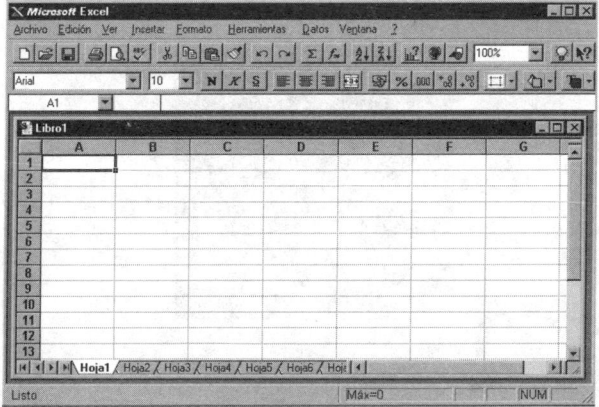

**Menú de control**
Al seleccionar este icono se abre un menú de persiana con órdenes para el control de la ventana **Microsoft Excel**, por ejemplo, cambiar tamaño, mover o cerrar.

### Menú de control del área de trabajo
Al igual que el menú de control, éste abre un menú de persiana con órdenes para controlar la ventana del libro de trabajo de **Excel 7.0**.

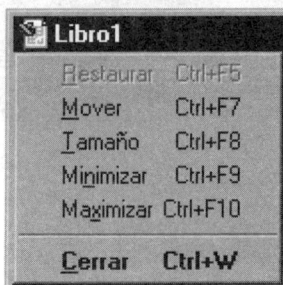

### Barra de menús
En esta barra se encuentran los menús de persiana con todas las alternativas de las órdenes que ofrece **Excel 7.0**. Para activar la barra de menú use las teclas **Alt** o **F10**.

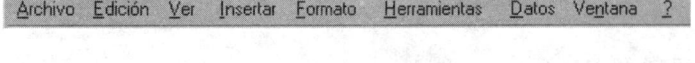

Para seleccionar una orden de alguno de los menús de persiana, simplemente haga clic sobre el menú que desea abrir.

Por ejemplo, si va a seleccionar la orden **Abrir...** del menú **Archivo** siga los siguientes pasos:

ç Haga clic sobre el menú **Archivo** y se abrirá un menú de persiana:

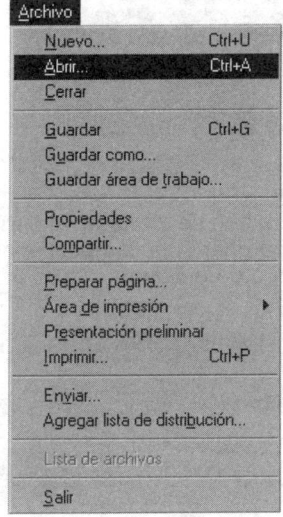

ç Seleccione la orden **Abrir...**

**Barra de título**
Muestra el nombre del archivo de trabajo actual, por defecto es *Microsoft* **Excel - Libro1**.

X *Microsoft* Excel

**Botón Minimizar**
Al oprimir este botón la ventana de **Excel 7.0** se minimiza a un botón en la barra de tareas con el nombre del archivo de trabajo actual. Este botón es equivalente a la orden **Minimizar** del **Menú de control**.

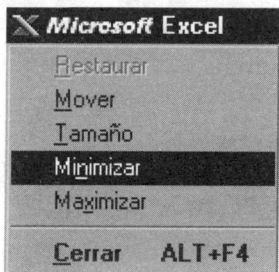

**Botón Cerrar**
Al pulsar este botón se cierra la ventana de trabajo actual. Si no ha guardado cambios aparecerá el siguiente cuadro de diálogo:

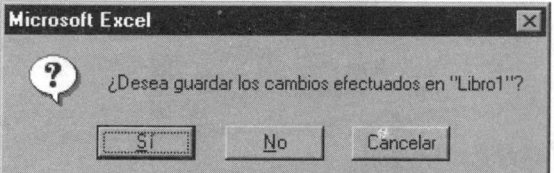

Si pulsa el botón **Sí** aparece el cuadro de diálogo **Guardar como** para dar un nombre al archivo y salvarlo. Una vez guardado el documento se cierra la ventana de **Excel 7.0**. Si oprime el botón **No** se cierra la ventana de **Excel 7.0** sin guardar la información del libro de trabajo. Si pulsa el botón **Cancelar** equivale a pulsar el botón **Cerrar** del cuadro de diálogo, y la ventana de **Excel 7.0** permanece sin ningún cambio.

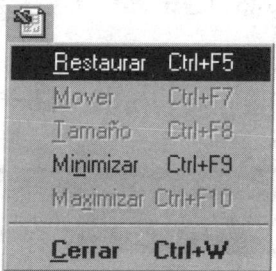 **Botón Restaurar**
Al pulsar este botón la ventana de **Excel 7.0** cambia al tamaño preestablecido. Este botón es equivalente a la orden **Restaurar** del **Menú de control**. Al pulsarlo, el aspecto del botón cambia al del botón **Maximizar**.

| Restaurar | Ctrl+F5 |
|-----------|---------|
| Mover | Ctrl+F7 |
| Tamaño | Ctrl+F8 |
| Minimizar | Ctrl+F9 |
| Maximizar | Ctrl+F10 |
| Cerrar | Ctrl+W |

**Barras de herramientas**
Es una barra de botones que permite realizar operaciones frecuentes, por ejemplo, guardar, abrir, imprimir o revisar ortografía. Por defecto aparece primero la barra de herramientas **Estándar** y a continuación la barra de herramientas **Formato**.

Estándar

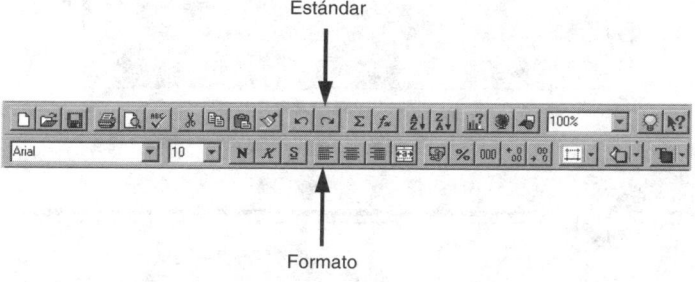

Formato

Guardar

Por ejemplo, pulsar el botón **Guardar** de la barra de herramientas **Estándar** es equivalente a seleccionar la orden **Guardar** del menú **Archivo**.

Puede activar las barras de herramientas que desea ver, eligiendo la orden **Barras de herramientas...** del menú **Ver**.

◗ Seleccione las barras de herramientas que desea visualizar y luego presione el botón **Aceptar**.

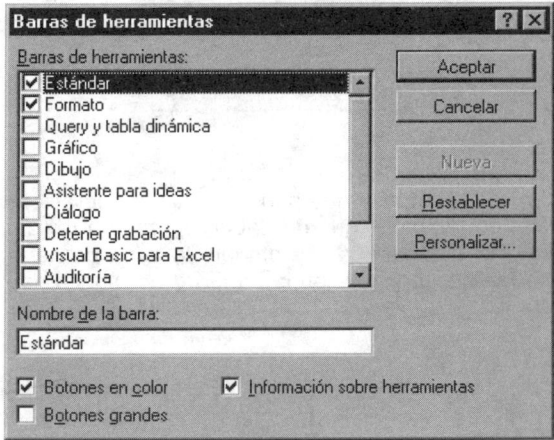

**Flechas de desplazamiento**

Estas flechas se emplean para moverse a determinada posición de la hoja de cálculo. Por ejemplo, si desea desplazarse sobre la hoja hacia abajo, pulse la flecha de desplazamiento.

**Cuadros de desplazamiento**
Estos botones se mueven sobre la barra de desplazamiento y permiten avanzar distancias grandes en la hoja de cálculo.

**Etiquetas de la hoja**
Las etiquetas de las hojas son nombres que identifican cada una de las hojas que componen el libro de trabajo.

Al lado izquierdo de las etiquetas aparecen cuatro flechas, las dos del centro permiten avanzar o retroceder una hoja a la vez y las de los extremos sirven para moverse a la última o primera hoja.

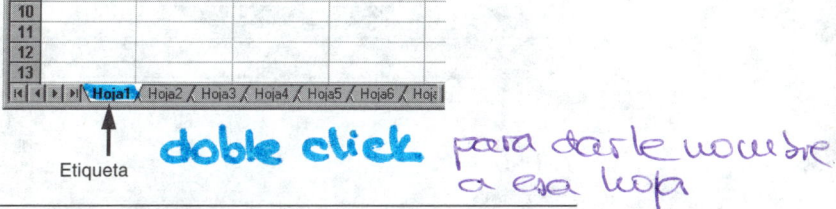

Etiqueta

*doble click para darle nombre a esa hoja*

## Asignar nombre a la hoja de cálculo

Para dar nombre de etiqueta a la hoja de cálculo siga estos pasos:

▸ Haga doble clic sobre la etiqueta.

▸ ... y aparecerá el cuadro de diálogo **Cambiar el nombre de la hoja**.

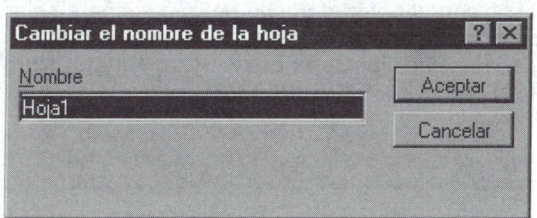

▶ Escriba el nombre de la etiqueta en el recuadro **Nombre**.

▶ Pulse el botón **Aceptar**.

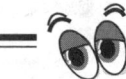

**Barra de estado**
Esta barra se divide en dos: **Área de mensajes** e **Indicador del teclado**.

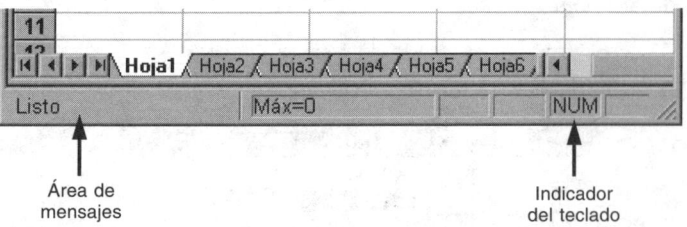

Área de              Indicador
mensajes            del teclado

**Área de mensajes**
Indica las operaciones que se están realizando. Si ejecuta alguna orden muestra una descripción de lo que realiza, si está abierta una ventana de diálogo muestra cómo obtener ayuda más detallada acerca de esa ventana, si está seleccionada alguna opción del menú describe su contenido.

**Indicador del teclado**
La primera casilla muestra la suma, promedio, cuenta, cuenta num., máximo o mínimo de las celdas seleccionadas.
Haga clic con el botón derecho del *mouse* para seleccionar la operación. Las siguientes casillas muestran teclas seleccionadas como **F8**, **Caps Lock** (**Bloq Mayús**) **Num Lock** (**Bloq Num**), **Mayús + F8 (Shift + F8)**.

## Ventana del documento

Es el área de trabajo de la hoja de cálculo, la cual contiene las columnas y filas que forman celdas.

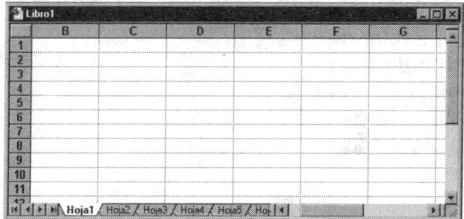

## Encabezados de fila

Son los cuadros numerados que identifican cada una de las filas de la hoja de cálculo, y que aparecen al lado izquierdo de la ventana del documento.

## Encabezados de columna

Son los cuadros ordenados por letras o números, en forma horizontal los cuales indican cada una de las columnas de la hoja de cálculo.

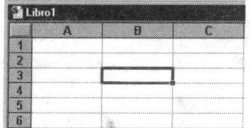

## Celda activa

Es la celda que se encuentra lista para introducir o borrar datos. En la cuadrícula de la hoja de trabajo la celda se encuentra rodeada por un borde oscuro y el nombre correspondiente aparece en el recuadro ubicado en la parte superior izquierda del título de la ventana.

Por ejemplo, si la celda que está activa es la que se encuentra en la columna **C** y la fila **4**, entonces en el recuadro debe aparecer **C4**.

Para activar una celda haga clic sobre ésta o utilice las flechas de desplazamiento del teclado.

Puede personalizar el nombre de una celda, de un objeto seleccionado o un gráfico haciendo clic en el recuadro del nombre de la celda activa y digitando el nuevo nombre. Los nombres personalizados se pueden ver desplegando la lista que los contiene.

*no pude!! ¡¡¡ ¡¡¡* (handwritten note)

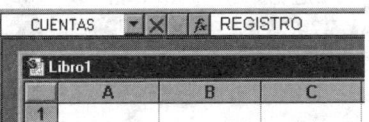

**Barra de fórmulas**
Aquí aparecen los datos que se introducen en la celda activa, ya sean numéricos, de texto o de fórmulas. Se activa al digitar datos en una celda.

Cuando se digitan los datos la **Barra de fórmulas** tiene los siguientes botones:

☒  **Cancelación**

☑  **Aceptación**

ƒₓ  **Asistente de funciones**

# Creación
# de un libro
# de trabajo

Un libro de trabajo es un archivo que contiene varias hojas de cálculo, gráficos y módulos. En este capítulo se darán las bases para la creación de una hoja de cálculo llamada FRUTAS.XLS y que se utilizará en los siguientes capítulos:

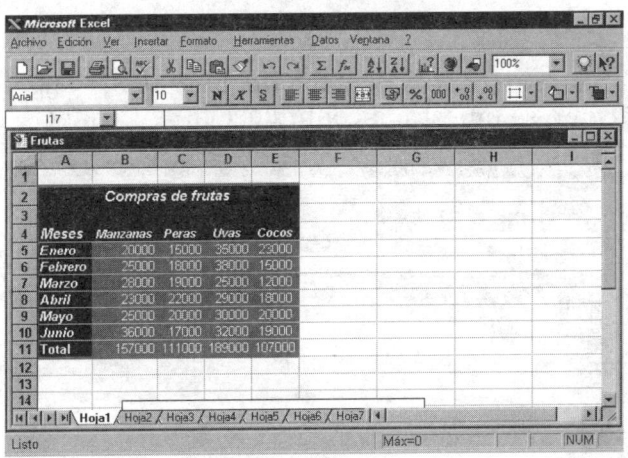

### Creación de un libro de trabajo

La creación de una hoja de cálculo requiere los siguientes pasos:

Libro de
trabajo
nuevo

▶ Seleccione la opción **Nuevo** del menú **Archivo** o presione la combinación de las teclas **Ctrl + U**.

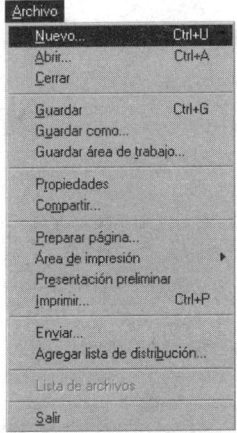

▶ ... y aparecerá la ventana del libro de trabajo como se muestra a continuación:

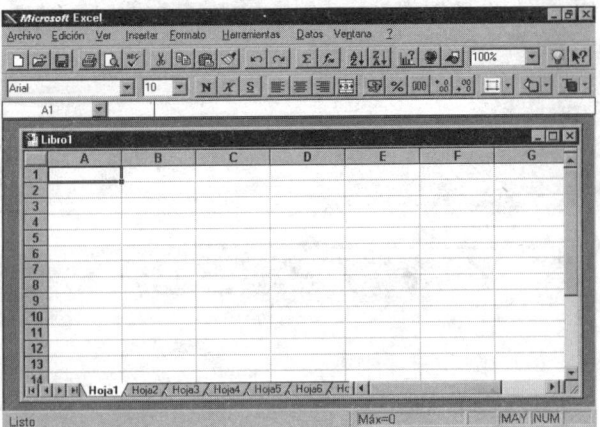

## Introducir datos en una hoja de cálculo

Para incluir datos en una hoja de cálculo es necesario activar la celda donde desea incluirlos haciendo clic sobre ésta.

▶ Haga clic sobre la celda A2 y digite un título para los datos, por ejemplo, Compras de frutas.

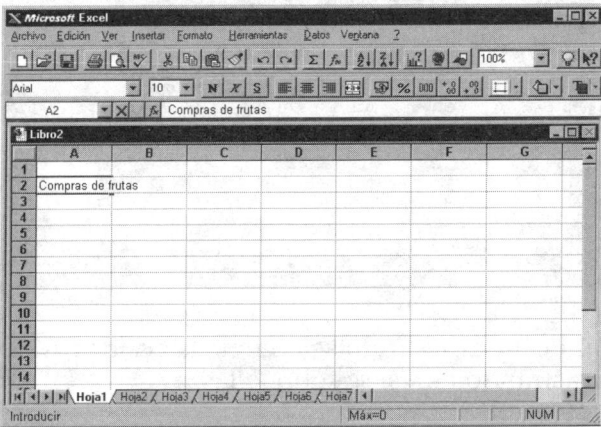

▶ Cuando termine de escribir presione **Enter**.

▶ En el área conformada por la celda A4 a la D4 introduzca las palabras Meses, Manzanas, Peras y Uvas, como se muestra a continuación:

◗ De la misma manera, digite los demás datos de la hoja que está elaborando, en este caso los nombres de los meses y las compras de frutas por mes:

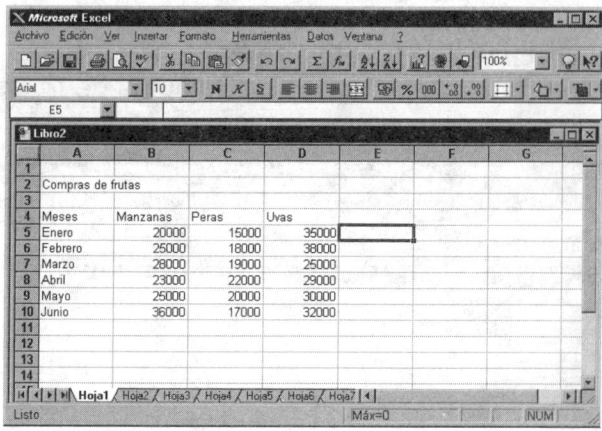

◗ Para centrar el título seleccione las celdas **A2:D2** arrastrando el *mouse* sobre ellas.

Centrar en varias columnas

◗ Pulse el botón **Centrar en varias columnas** y el título tendrá el siguiente aspecto:

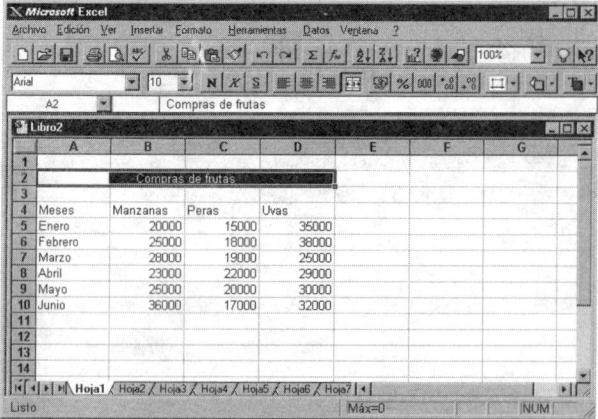

## Cómo sumar el contenido de las celdas

Luego de introducir los datos respectivos de cada columna, puede sumarlos con la fórmula de la suma o utilizando el botón **Autosuma** de la barra de herramientas **Estándar** para obtener el total de cada columna.

Para sumar los datos de la columna Manzanas siga los siguientes pasos:

▶ Seleccione la celda B11.

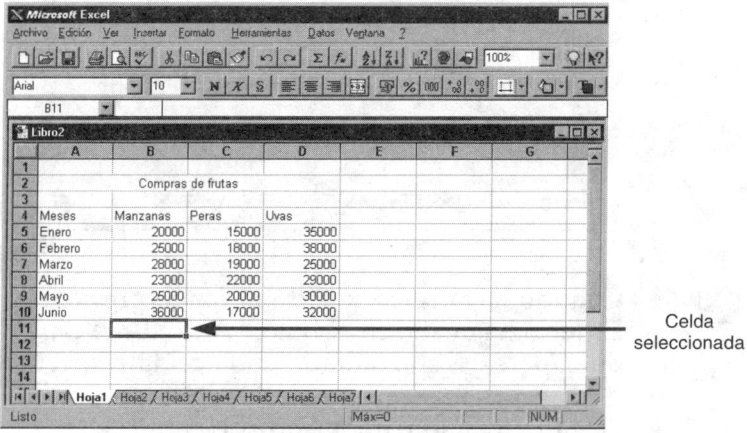

Celda seleccionada

▶ Oprima el botón **Autosuma** que se encuentra en la barra de herramientas **Estándar**.

Autosuma

▶ ... y aparecerá en la celda **B11** la fórmula de la
suma **=SUMA(B5:B10)**, donde **B5:B10** es el
rango de celdas que desea sumar. Este rango
puede variarse eligiendo las celdas que se quie-
ren sumar, para lo cual arrastre el puntero del
*mouse* sobre las celdas correspondientes.

Rango
seleccionado

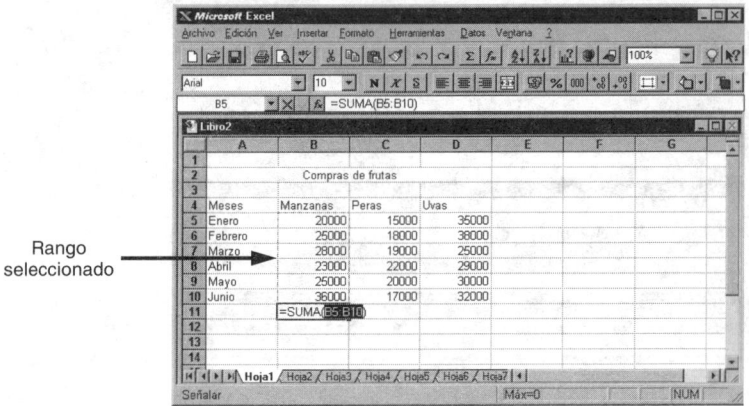

Autosuma

▶ Cuando haya seleccionado el rango presione
**Enter** o haga clic en el botón **Autosuma** para
que aparezca el resultado en la celda respectiva.

▶ Haga lo mismo para las otras columnas.

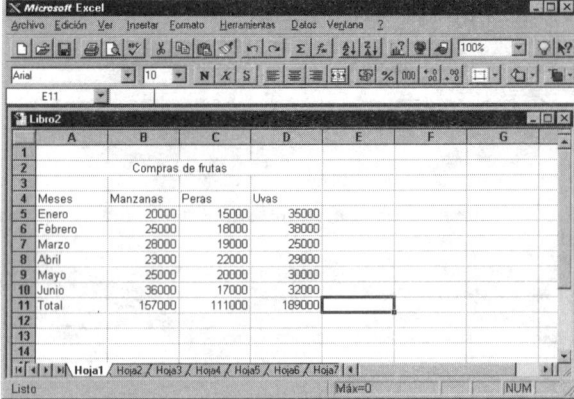

Para alinear las columnas selecciónelas y haga clic sobre uno de estos botones:

   Alinear a la izquierda.

   Centrar en la celda.

   Alinear a la derecha.

Por defecto, **Excel 7.0** alinea las columnas de números a la derecha y de letras a la izquierda.

## Edición de datos

Para modificar la información contenida en una celda proceda así:

▶ Seleccione la celda que desea modificar.

▶ Haga doble clic en esa celda o presione **F2**.

▶ Introduzca los nuevos datos o correcciones.

▶ Presione **Enter** o el botón **Aceptación** si desea que el cambio se efectúe, de lo contrario pulse **Esc** o el botón **Cancelación** para dejar los datos anteriores.

Cancelación

Aceptación

### Formato para la tabla de datos

Para dar un formato de presentación a los datos puede realizar lo siguiente:

▶ Seleccione la tabla y elija la opción **A**utoformato... del menú **F**ormato.

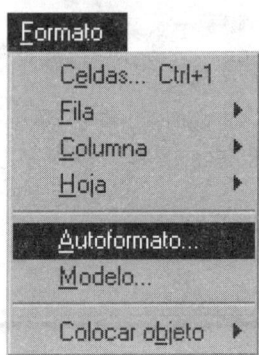

▶ ... y aparecerá el cuadro de diálogo **Autoformato** con la lista de formatos que puede aplicar.

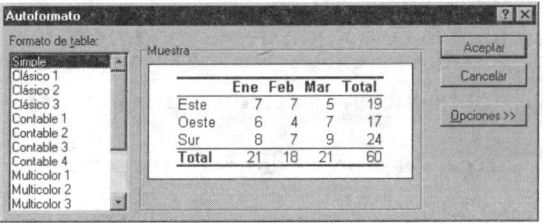

▶ Seleccione el formato **Multicolor 1**.

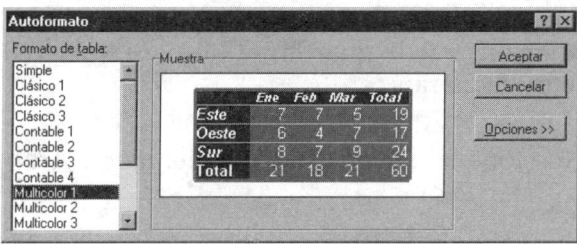

▶ Pulse el botón **Aceptar** y los datos tomarán el
siguiente aspecto:

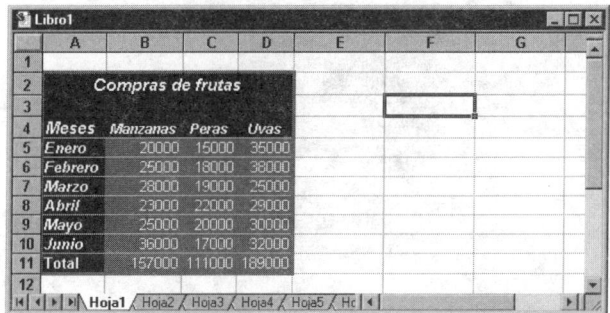

Si desea aumentar el ancho de las
columnas o el alto de las filas,
arrastre con el puntero del *mouse*
el borde derecho del encabezado
de la columna (o fila) seleccionada.
Nótese que el puntero del *mouse*
debe tener el aspecto de una
flecha doble.

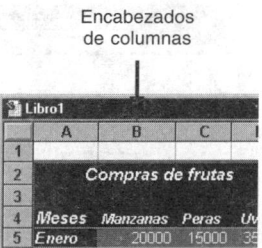

Encabezados
de columnas

### Guardar un libro de trabajo

Después de introducir y asignar formato a la información, puede guardar el libro de trabajo de la siguiente manera:

Guardar

▶ Seleccione la opción **Guardar** del menú **Archivo**.

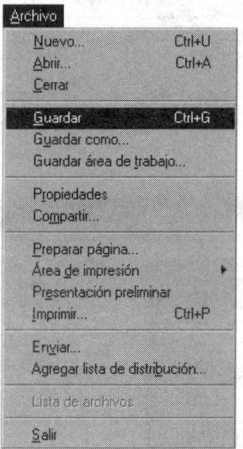

▶ ... y aparecerá el cuadro de diálogo **Guardar como** en el cual puede especificar el nombre y la ubicación de donde se guardará el libro de trabajo:

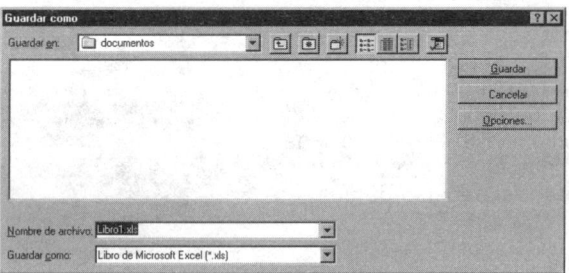

▶ En la casilla **Nombre de archivo:** asigne el nombre FRUTAS.XLS al libro de trabajo.

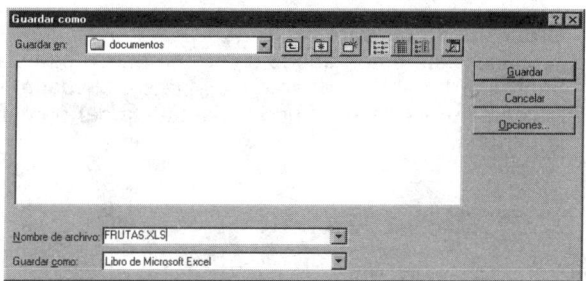

▶ Pulse el botón **Guardar**.

**Guardar en:**
Muestra los directorios y unidades de disco en los que puede guardar el libro de trabajo.

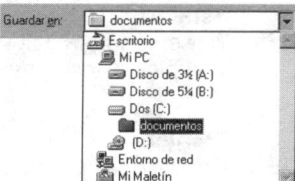

**Nombre de archivo:**
En esta casilla digite el nombre que se le asignará al libro de trabajo.

 **Subir un nivel**
Muestra el contenido de la carpeta de nivel superior a la actual.

**Buscar en Favoritos**
Visualiza los archivos de la carpeta **Favoritos** y
permite guardar el libro de trabajo en esta carpeta.

 **Crear nueva carpeta**
Al pulsar este botón puede crear una nueva carpeta
para guardar el libro de trabajo. Muestra el cuadro de
diálogo **Nueva carpeta** en el cual puede dar nombre a
la carpeta.

 **Lista**
Presenta los nombres de los archivos en forma de
lista.

 **Detalles**
Presenta información adicional sobre cada archivo, por
ejemplo, la fecha de creación.

 **Propiedades**
Visualiza las propiedades del archivo seleccionado.

 **Comandos y configuración**
Despliega un menú que permite ver las propiedades,
ordenar archivos o conectarse a una unidad
de red.

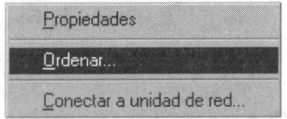

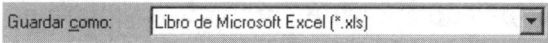

### Guardar como:
Presenta diferentes tipos de formato en los que puede
guardar el libro de trabajo.

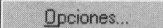

### Opciones...
Muestra un cuadro de diálogo que permite
especificar opciones para guardar el
archivo, por ejemplo, crear una copia de
seguridad.

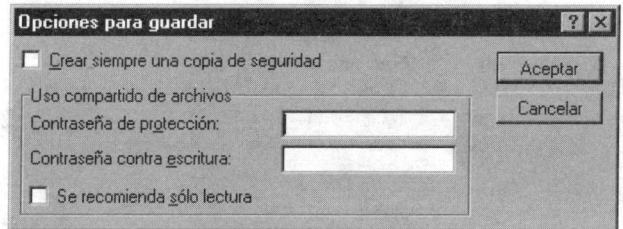

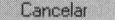

### Guardar
Cierra la ventana **Guardar como** y guarda
el documento.

### Cancelar
Cierra la ventana **Guardar como** sin
guardar el documento.

▶ Si ha modificado el documento y desea guardar los cambios automáticamente seleccione la opción **Guardar** del menú **Archivo**:

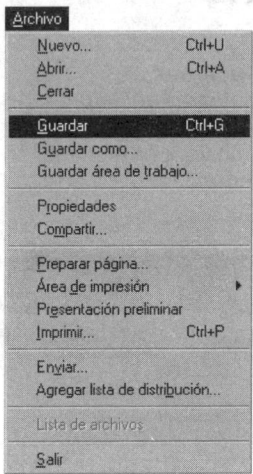

## Preparar página para imprimir

Antes de imprimir un archivo debe preparar su formato; para esto siga los siguientes pasos:

▶ Seleccione la orden **Preparar página...** del menú **Archivo**.

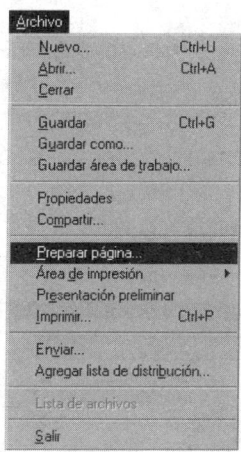

▶ ... y aparecerá la ventana de diálogo **Preparar página**, luego seleccione la ficha **Márgenes**.

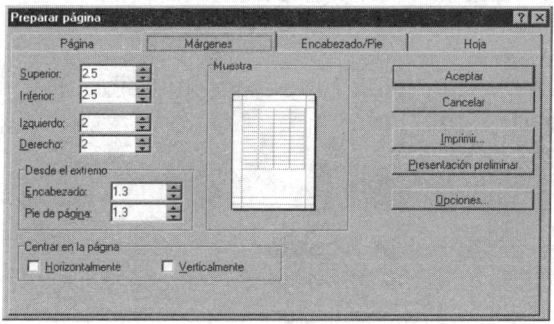

◗ En el recuadro **Centrar en la página,** seleccione la casilla **H**orizontalmente.

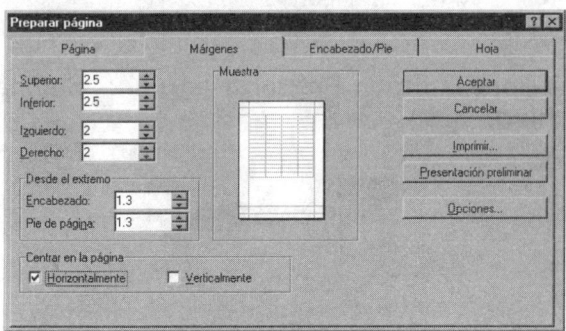

◗ Seleccione la ficha **Hoja.**

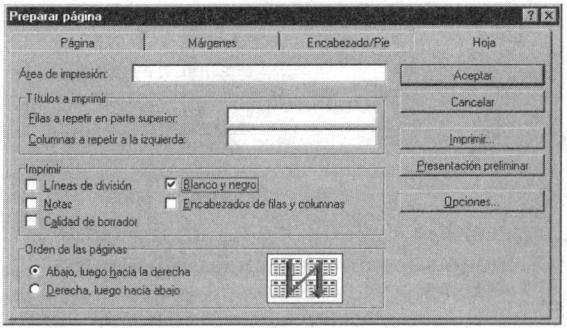

◗ Desactive la casilla **Líneas de división** del recuadro **Imprimir.**

◗ Seleccione la casilla **B**lanco y negro.

◗ Presione el botón **Aceptar.**

✘ Otra forma de imprimir es haciendo clic en el botón **Imprimir** o pulsando la combinación de las teclas **Ctrl + P**.

✘ También puede abrir la ventana de **Presentación preliminar** haciendo clic en el botón correspondiente.

◗ Seleccione la opción **Presentación preliminar** del menú **Archivo** para ver la página del documento antes de imprimirla.

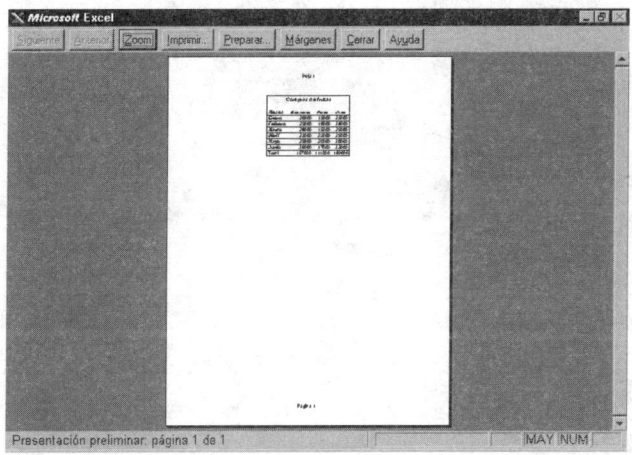

▶ Presione el botón **Imprimir...**

▶ ... y en la ventana de diálogo **Imprimir** elija **Aceptar**.

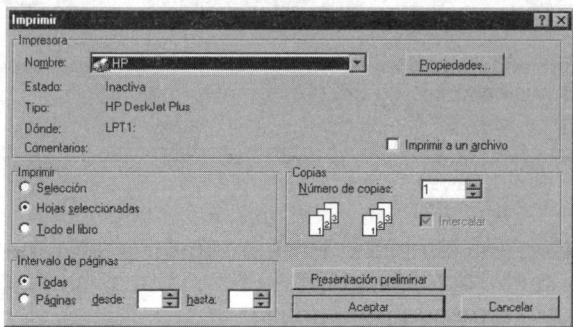

# Recuperación y edición

Durante el trabajo con Excel 7.0 es frecuente tener que abrir, crear y cerrar archivos. Para recuperar un libro de trabajo realice lo siguiente:

▶ Seleccione la orden **Abrir...** del menú **Archivo** u oprima las teclas **Ctrl + A**.

Abrir

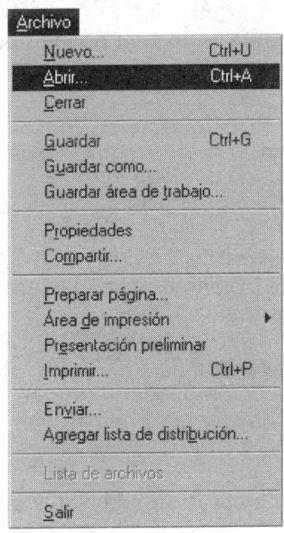

▶ ... y aparecerá el cuadro de diálogo **Abrir** en el que puede especificar el archivo requerido:

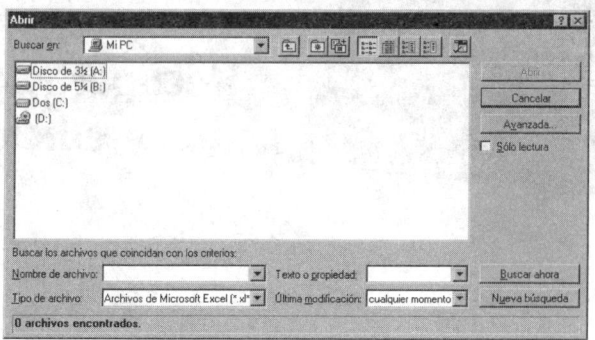

### Buscar en:
Es una lista desplegable en la cual puede buscar la carpeta y/o unidad de disco donde se encuentra el archivo que desea abrir.

 ### Subir un nivel
Muestra el contenido de la carpeta que se encuentra en un nivel superior al actual.

 ### Buscar en Favoritos
Al oprimir este botón aparecen los archivos de la carpeta **Favoritos**.

 ### Agregar a Favoritos
Al pulsar este botón pueden agregarse los archivos se-leccionados a la carpeta **Favoritos**.

 ### Lista
Presenta los nombres de archivos y carpetas en forma de lista.

**Detalles**
Al pulsar este botón se muestra el nombre, tamaño,
tipo y fecha de la última modificación de los archivos
correspondientes a la carpeta actual.

 **Propiedades**
Al oprimir este botón aparece una ventana al lado de
la lista de nombres con las propiedades del archivo o
carpeta seleccionada.

 **Presentación preliminar**
Presenta una visualización preliminar del archivo
seleccionado.

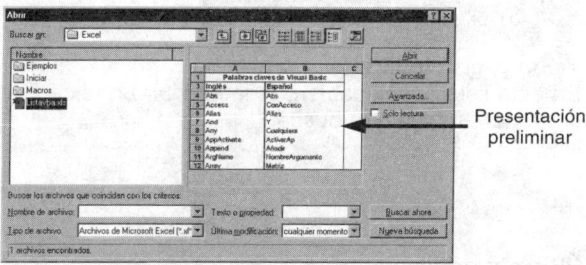

Presentación
preliminar

 **Comandos y configuración**
Al pulsar este botón aparece un menú colgante con
opciones para ordenar archivos, buscar archivos,
conectarse a unidades de red, imprimir, etc.

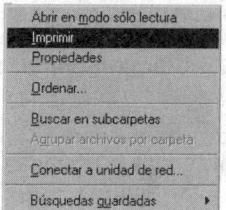

**Nombre de archivo:**
En esta casilla puede digitar el nombre del archivo que desea
abrir.

**Tipo de archivo:**
Seleccione el tipo de archivo que desea abrir. Puede ser una hoja de cálculo de **Excel 7.0** o de una versión anterior, también puede abrir documentos de Lotus, dBase y otros.

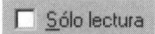

**Sólo lectura**
Si selecciona esta casilla de verificación no podrá realizar cambios en el archivo que desea abrir.

**Texto o propiedad:**
En esta lista desplegable puede escribir un texto que forma parte del archivo que busca.

**Última modificación:**
En esta lista desplegable puede seleccionar si los archivos por visualizar se han modificado en algún tiempo (**hoy, semana pasada**, **mes pasado**, **en cualquier momento**, etc).

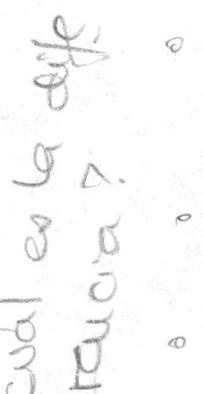

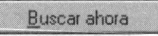

**Buscar ahora**
Pulse este botón para buscar los archivos que cumplan con las características indicadas en las casillas **Texto o propiedad** y **Última modificación**.

**Nueva búsqueda**
Realiza otra búsqueda con las características indicadas.

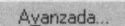

**Avanzada...**
Permite buscar un archivo con las características indicadas en el cuadro de diálogo **Búsqueda avanzada**.

## Operaciones con rangos

Los rangos en una hoja de cálculo son la selección de un conjunto de celdas. Una celda es el rango mínimo y una hoja de cálculo completa es el máximo. Los rangos pueden definirse de cualquier tamaño.

Por ejemplo, los rangos C3 y F5 están representados por las regiones delimitadas de la siguiente figura:

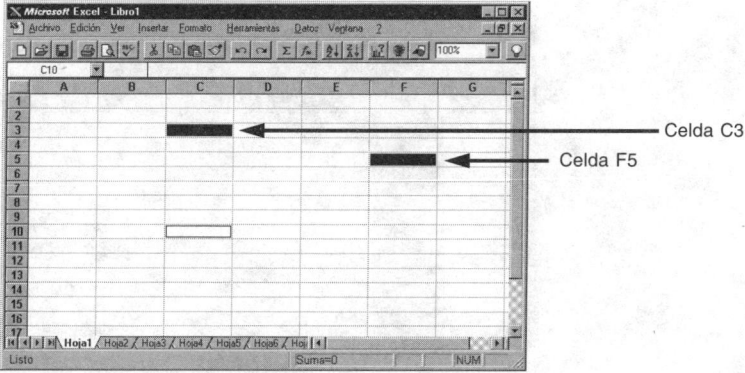

Como puede ver a continuación, el rango está determinado por la celda superior izquierda y la celda inferior derecha: C3:F6, las cuales forman un rectángulo de selección.

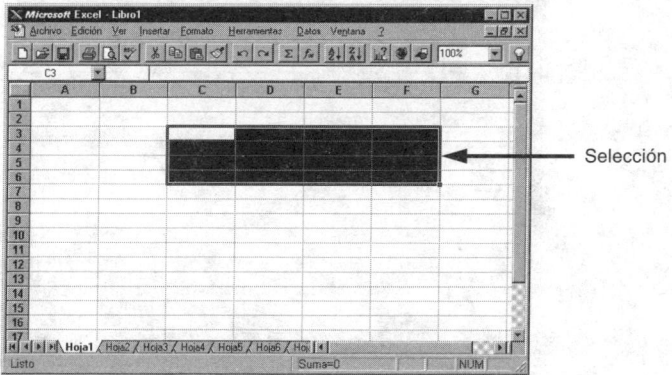

### Selección de un rango

Para seleccionar un rango arrastre el puntero del *mouse* desde la celda superior izquierda hasta la celda inferior derecha del rectángulo de selección deseado; la región seleccionada aparecerá sombreada.

▶ Para seleccionar como rango una columna completa, haga clic en el encabezado de la columna:

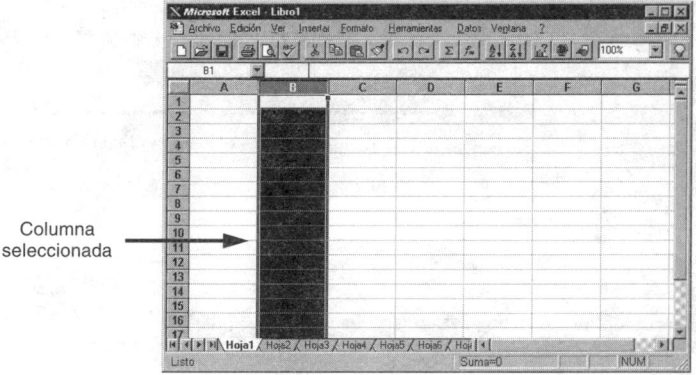

Columna seleccionada

▶ De la misma manera, si desea seleccionar como rango una fila completa, haga clic en el encabezado de la fila:

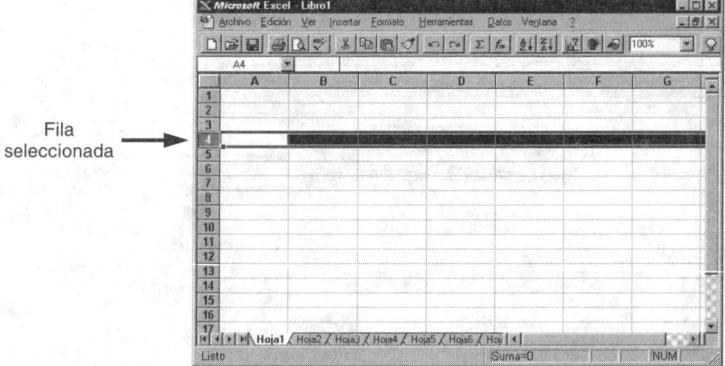

Fila seleccionada

▶ Para seleccionar el rango máximo, es decir, la hoja de cálculo completa, haga clic en el botón superior izquierdo de la hoja de cálculo:

Botón de selección de toda la hoja ──▶

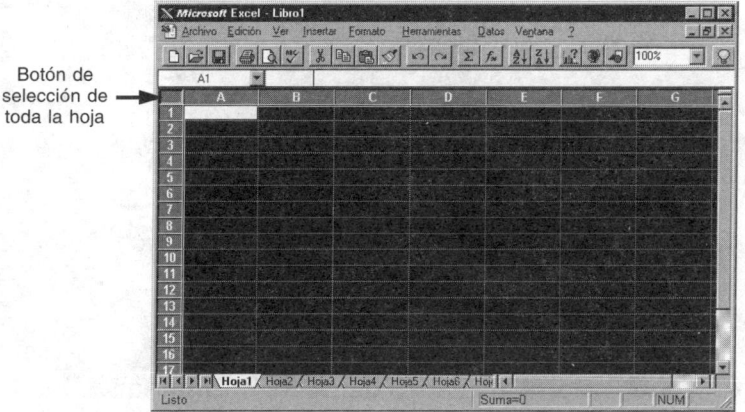

## Eliminar celdas

Cuando se eliminan celdas, las que se encuentran arriba o a la derecha de las eliminadas ocupan su espacio. Para eliminar celdas siga los siguientes pasos:

▶ Seleccione el rango de celdas que se desea eliminar arrastrando el puntero del *mouse*, sobre éstas, por ejemplo, B2..D6.

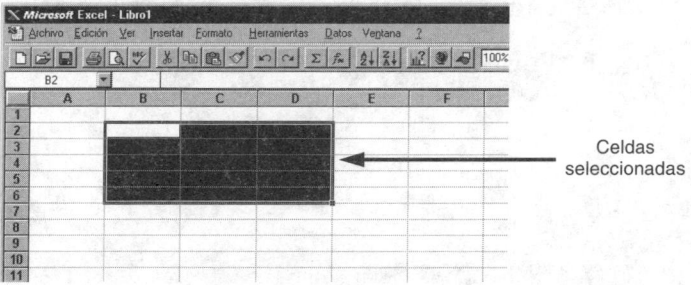

Celdas seleccionadas

▶ Elija la opción **Eliminar...** del menú **Edición**.

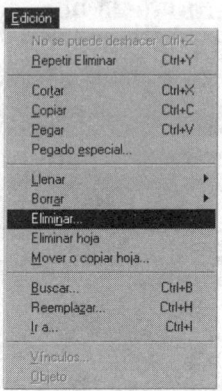

▶ ... y aparecerá el cuadro de diálogo **Eliminar celdas**.

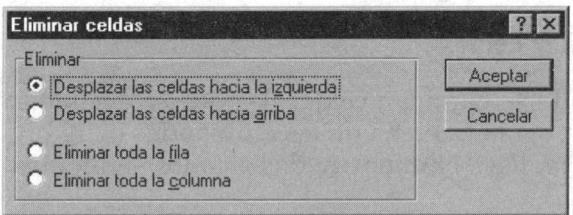

▶ Seleccione la posición hacia donde se desplazarán las celdas cuando se realice la eliminación (hacia la izquierda o hacia arriba), o elija si se eliminará toda la fila o toda la columna.

▶ Pulse el botón **Aceptar**.

**Eliminación de hojas de cálculo y rangos**

La eliminación de una hoja de trabajo se realiza de
la siguiente manera:

▶ Seleccione la hoja que desea eliminar, por ejemplo, Hoja2.

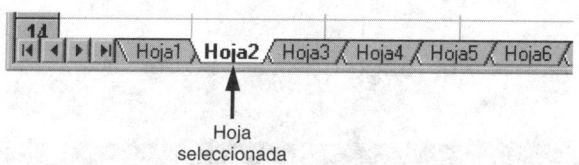

Hoja
seleccionada

▶ Elija la opción **Eliminar hoja** del menú **Edición**.

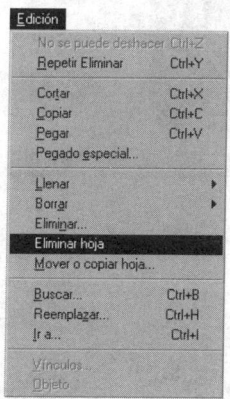

▶ ... y aparecerá el siguiente cuadro para confirmar
la eliminación:

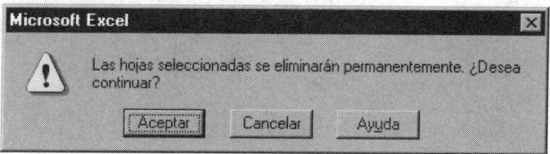

▶ Nótese que ya no existe la Hoja2.

Para eliminar el contenido, formatos y/o notas de un rango proceda así:

▶ Seleccione el rango que va a borrar.

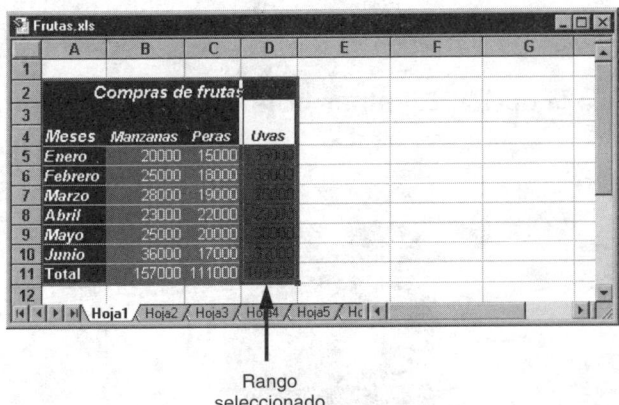

Rango
seleccionado

▶ Elija la opción **Borrar** del menú **Edición**; en el submenú que aparece, seleccione entre **Todo**, **Formatos**, **Contenido** o **Notas**.

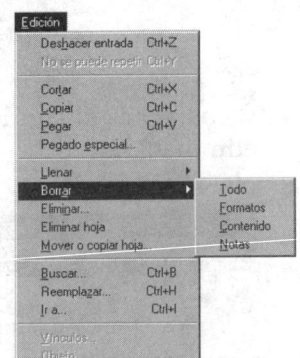

## Copiar rangos de datos

Para copiar el contenido de un rango en otra posición haga lo siguiente:

● Seleccione el rango que desea copiar.

● Elija la opción **Copiar** del menú **Edición**.

Copiar

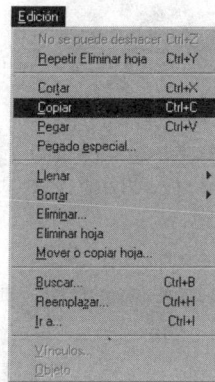

● ... y el rango quedará bordeado por una línea segmentada en movimiento.

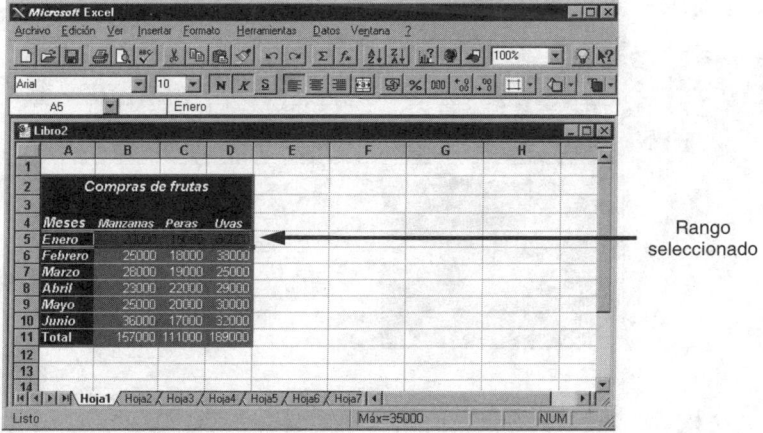

Rango
seleccionado

◗ Después seleccione la primera celda del rango donde desea copiar el contenido. Si elige más de una celda aparecerá un mensaje si el tamaño del rango seleccionado no corresponde al que se va a copiar.

Pegar

◗ Elija la orden **Pegar** del menú **Edición** o pulse la tecla **Enter** y el resultado se verá así:

Contenido por copiar

Celda seleccionada para pegar el contenido

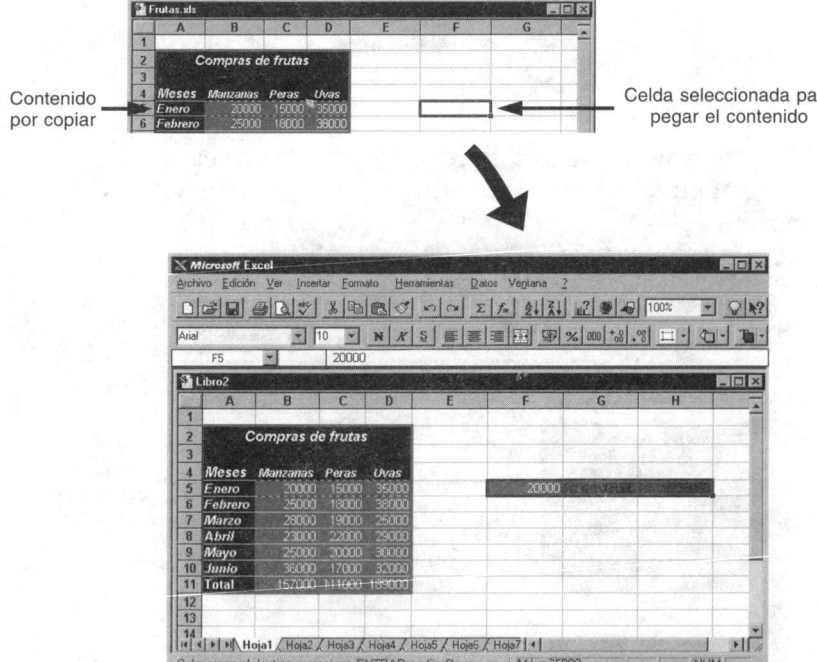

## Mover datos

Para mover el contenido de un rango de datos se utilizan las opciones **Cortar** y **Pegar** del menú **Edición**.

▶ Seleccione el rango que desea mover.

▶ Elija la orden **Cortar** del menú **Edición**. Nótese que al igual que en la orden **Copiar**, el rango quedará bordeado por una línea segmentada en movimiento.

Cortar

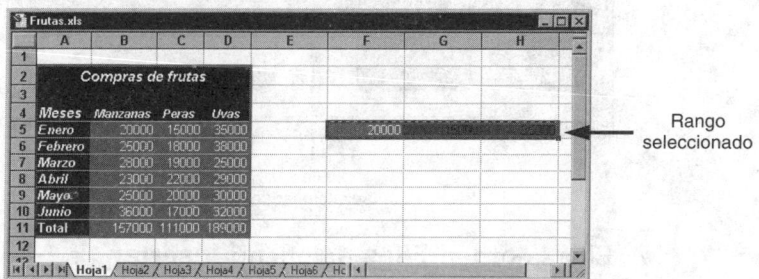

Rango
seleccionado

▶ Seleccione la primera celda del rango en donde desea desplazar el contenido.

▶ Elija la orden **Pegar** del menú **Edición**, oprima la tecla **Enter** y el aspecto será el siguiente:

Pegar

### Insertar y eliminar filas

Cuando desee insertar filas proceda así:

◗ Para insertar filas seleccione una o más filas, tantas como la cantidad de filas que se desea insertar, por ejemplo, las filas 7 y 8.

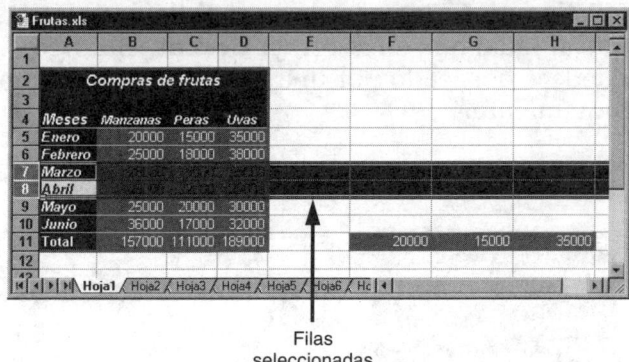

Filas
seleccionadas

◗ Elija la orden **Filas** del menú **Insertar**.

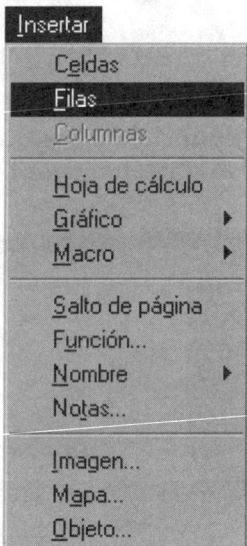

◗ Al ejecutar la opción **Filas**, las filas seleccionadas se desplazarán hacia abajo y las nuevas filas
quedan en la parte superior.

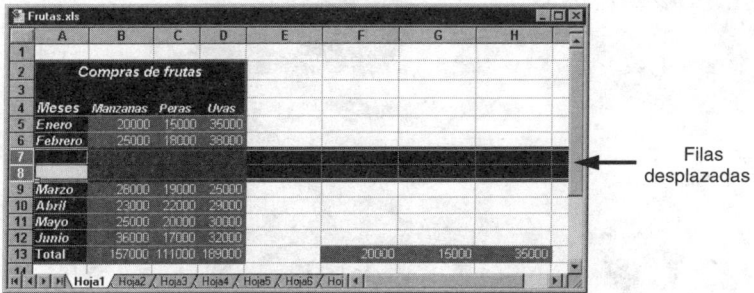

Filas
desplazadas

◗ Para eliminar un número de filas, selecciónelas
y luego escoja la opción **Eliminar** del menú
**Edición**.

### Insertar y eliminar columnas

Para insertar o eliminar columnas en cualquier
posición de la hoja de cálculo realice lo siguiente:

◗ Seleccione una o más columnas, tantas como la
cantidad de columnas que se deban insertar, por
ejemplo, las columnas C y D.

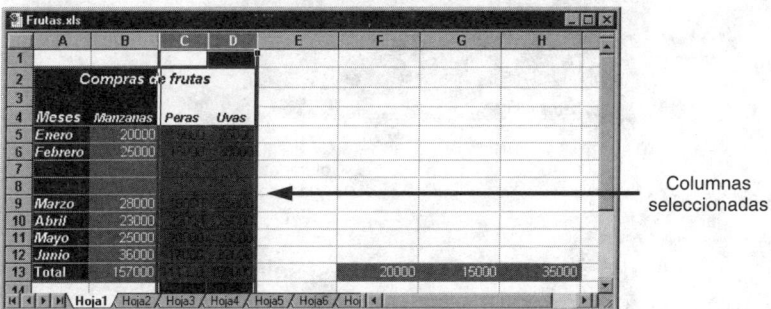

Columnas
seleccionadas

▶ Elija la orden **Columnas** del menú **Insertar**.

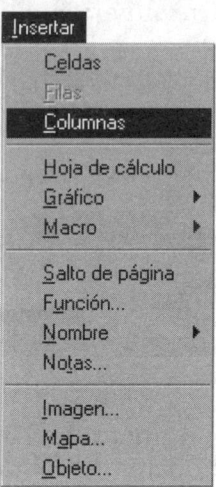

▶ Al ejecutar la orden **Columnas**, las columnas seleccionadas se desplazarán a la derecha y las nuevas columnas quedarán a la izquierda.

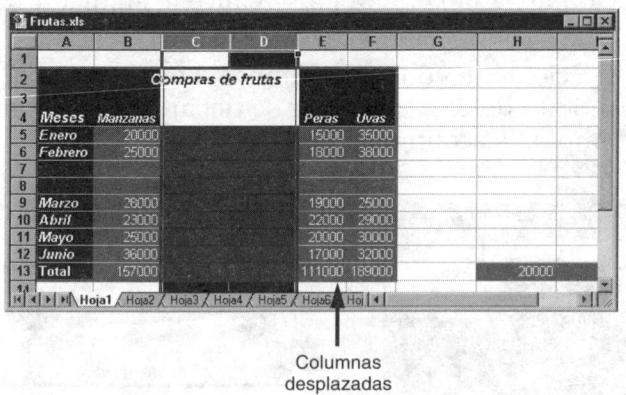

Columnas
desplazadas

▶ Para eliminar columnas, selecciónelas y elija la opción **Eliminar** del menú **Edición**.

### Insertar y borrar celdas

La inserción y eliminación de celdas se lleva a cabo de la siguiente manera:

▶ Seleccione el rango de celdas por insertar, es decir, si marca dos celdas se insertará la misma cantidad.

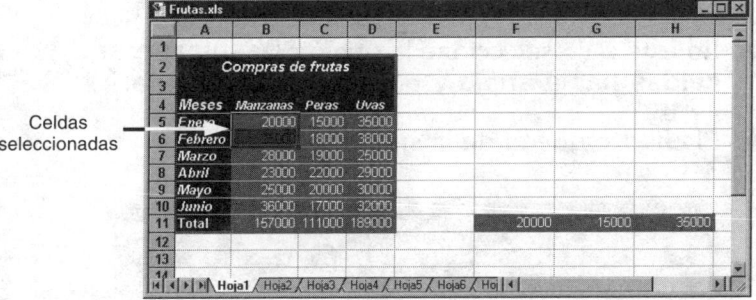

Celdas seleccionadas

▶ Escoja la opción **Celdas...** del menú **Insertar**.

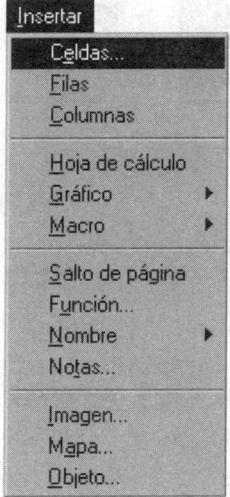

◗ ... y aparecerá el cuadro de diálogo **Insertar celdas**, donde puede seleccionar el tipo de inserción:

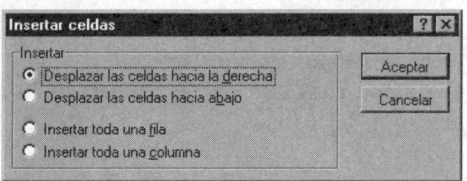

◗ En este caso seleccione la opción **Desplazar las celdas hacia abajo** y pulse el botón **Aceptar**.

◗ El cuadro queda de la siguiente manera:

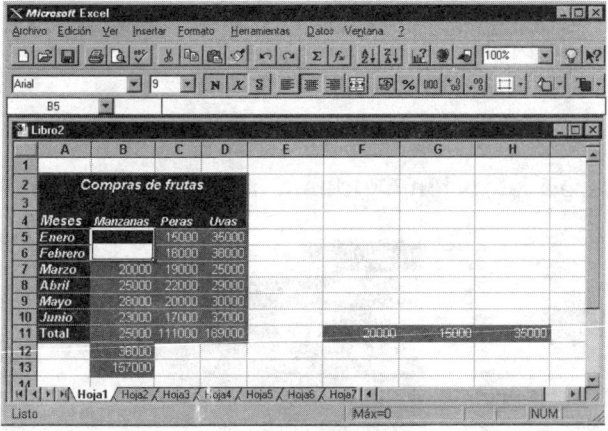

◗ Para eliminar celdas, selecciónelas y elija la opción **Elimi̱nar...** del menú **E̱dición**.

◗ En el cuadro de diálogo **Eliminar celdas** seleccione la opción **Desplazar las celdas hacia arriba** y pulse el botón **Aceptar**.

## Corrección de ortografía

Para revisar la ortografía de las palabras de la hoja de cálculo proceda así:

▶ Seleccione el rango donde desea realizar la corrección ortográfica; si no selecciona un rango, Excel 7.0 comprobará la ortografía de toda la hoja.

▶ Elija la opción **Ortografía...** del menú **Herramientas** u oprima **F7**.

Revisar
ortografía

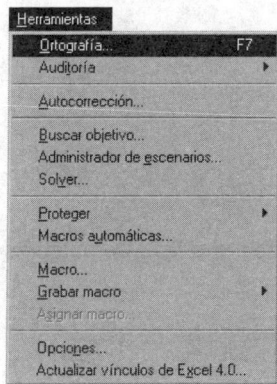

▶ ... y aparecerá la ventana **Ortografía** si existe algún error en la hoja de cálculo.

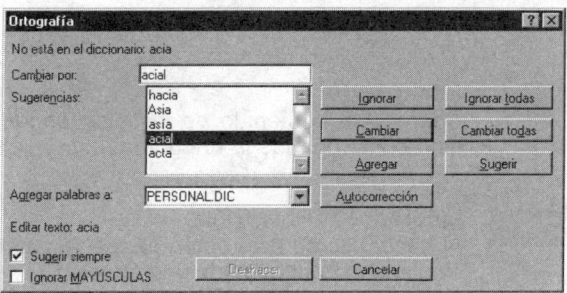

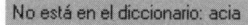

**No está en el diccionario:**
Aparece la palabra que es desconocida para **Excel 7.0**.

**Cambiar por:**
En este cuadro se escribe la palabra correcta para sustituirla por la desconocida.

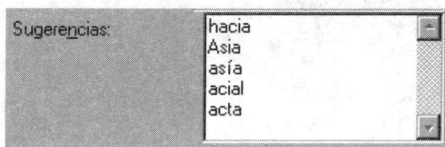

**Sugerencias:**
En este cuadro aparece una lista de palabras para sustituir la palabra desconocida.

**Agregar palabras a:**
Nombre del diccionario personalizado donde se adicionarán las palabras para evitar que el corrector de ortografía de **Excel 7.0** se detenga durante la comprobación de ortografía cuando no encuentre una palabra correcta no incluida en el diccionario.

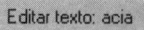

**Editar texto:**
Aparece el contenido de la celda donde se está comprobando la ortografía.

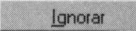

**Ignorar**
Al hacer clic en este botón pasa a la palabra siguiente y continúa la comprobación ortográfica.

**Ignorar todas**
Al oprimir este botón finaliza la corrección
de ortografía en toda la hoja de cálculo.

**Cambiar**
Al pulsar este botón se reemplaza la palabra
desconocida por la que se encuentra en el
cuadro **Cambiar por:**

**Sugerir siempre**
Al seleccionar esta casilla se activa la lista
de palabras recomendadas para cambiar en
el recuadro **Sugerencias:**

**Ignorar MAYÚSCULAS**
Al seleccionar esta opción no se tiene
en cuenta las mayúsculas en la
corrección ortográfica.

**Deshacer**
Elimina la última instrucción ejecutada en
la ventana **Ortografía**.

**Cambiar todas**
Reemplaza todas las palabras iguales a la
desconocida por la que se encuentra en el
cuadro **Cambiar por:**

**Agregar**
Incluye la palabra desconocida en el
diccionario personal.

**Sugerir**
Muestra una lista de las palabras que
**Excel 7.0** recomienda para sustituir por la
palabra.

**Autocorrección**
Reemplaza la palabra seleccionada por la
palabra de la ventana **Cambiar por:**

Al final de la corrección ortográfica aparece el siguiente cuadro de mensaje indicando que ha finalizado la verificación:

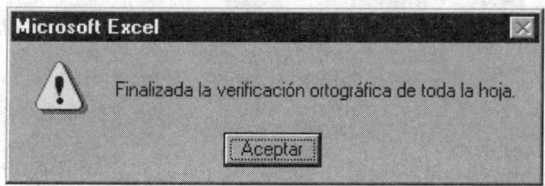

◗ Oprima el botón **Aceptar** para finalizar la corrección ortográfica de la hoja de cálculo.

# Formatos

Una hoja de cálculo puede tener determinado formato, por ejemplo, tipo de borde, alineación, color y tipo de fuentes para obtener una mejor visualización de los datos.

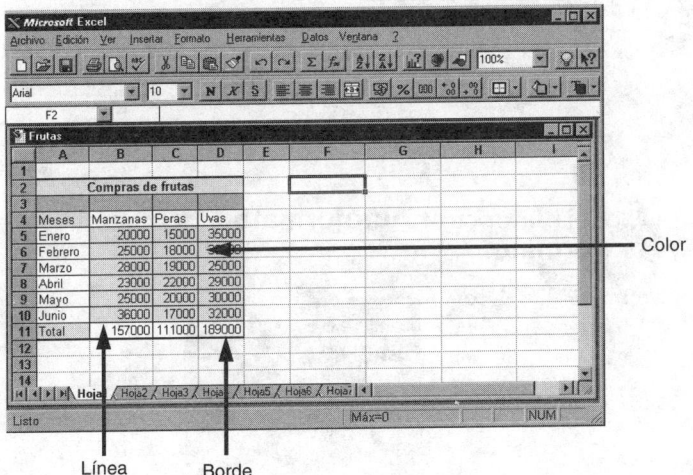

Color

Línea   Borde

**61**

### Autoformato

La opción **Autoformato...** incorpora características específicas de los diferentes estilos de formato a un rango seleccionado en una tabla de datos.

Los pasos que debe seguir para especificar un autoformato son:

▶ Seleccione el rango al cual desea dar formato.

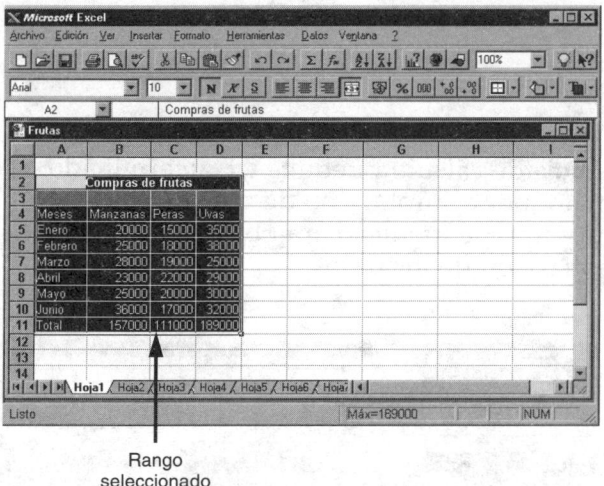

Rango
seleccionado

▶ Elija la opción **Autoformato...** del menú **Formato**.

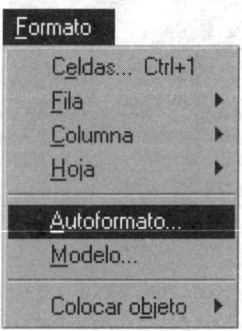

▶ ... y aparecerá el cuadro de diálogo **Autoformato**.

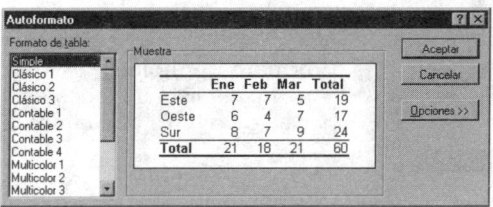

▶ Escoja el formato en la lista **Formato de tabla:**
que desea incluir en la tabla de datos, por ejemplo, Clásico 2.

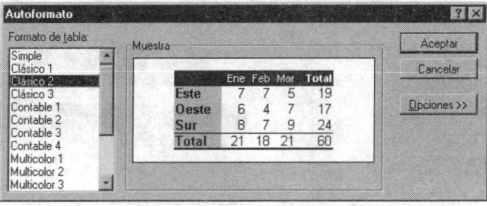

▶ Pulse el botón **Aceptar** para dar formato a la
tabla:

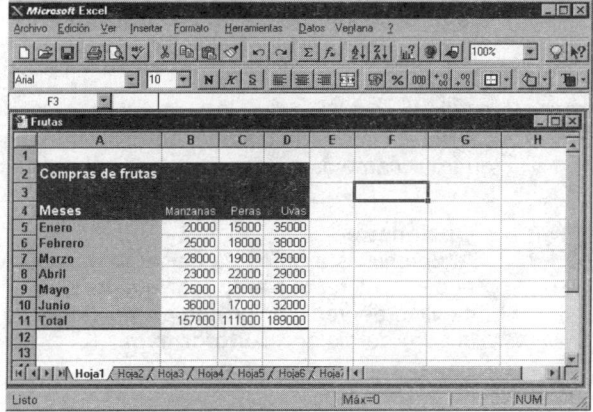

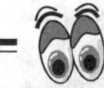

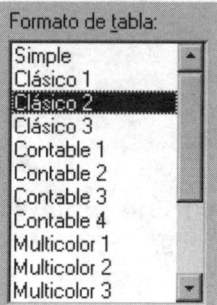

**Formato de tabla:**
Aparece la lista de todos los tipos de formato de tabla que ofrece **Excel 7.0**.

**Muestra**
En este cuadro aparece la presentación preliminar del formato elegido.

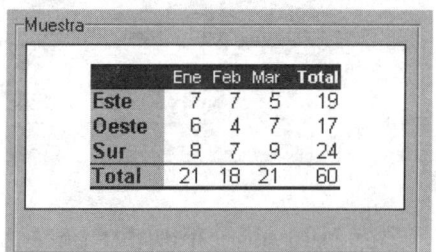

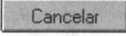

**Aceptar**
Cierra el cuadro de diálogo **Autoformato** y asigna el formato seleccionado a la tabla.

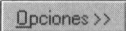

**Cancelar**
Cierra el cuadro de diálogo **Autoformato** sin guardar cambios.

**Opciones >>**
Al oprimir este botón se activa (o desactiva) el cuadro **Efectos a aplicar** que incluye casillas de verificación complementarias del cuadro de diálogo **Autoformato**.

---

| Efectos a aplicar | | |
| --- | --- | --- |
| ☑ Número | ☑ Fuentes | ☑ Alineación |
| ☑ Bordes | ☑ Diseño | ☑ Ancho/Alto |

**Efectos a aplicar**
Estas casillas de verificación permiten especificar opciones adicionales de formato para la tabla, por ejemplo, si tendrá bordes o si se incluirán las fuentes.

---

## Copiar formatos

Para copiar un formato de una parte a otra de la hoja de cálculo puede utilizar el botón **Copiar formato**.

Para realizar esta operación siga los siguientes pasos:

▶ Seleccione la celda o rango donde se encuentra el formato que desea copiar.

▶ Haga clic en el botón **Copiar formato** que se encuentra en la barra de herramientas **Estándar** y cuando el puntero del *mouse* cambie a la forma de cruz y brocha...

Copiar formato

▶ ... elija la celda o rango en donde desea copiar el formato y el área seleccionada tomará el aspecto predeterminado.

Por ejemplo, si se desea copiar el formato del rango C2:D11 en el rango F2:G11.

▶ Seleccione el rango C2:D11.

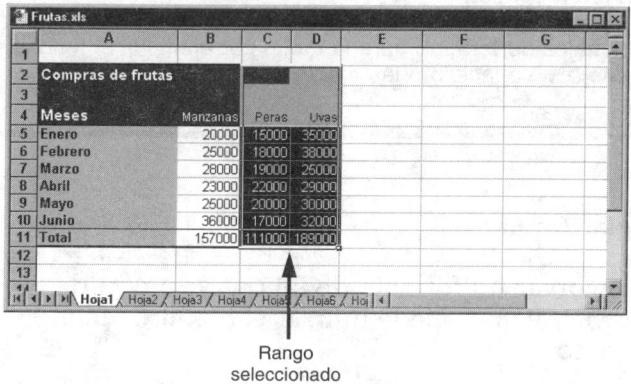

Rango
seleccionado

Copiar
formato

▶ Haga clic en el botón **Copiar formato**.

▶ ... y seleccione el rango F2:G11.

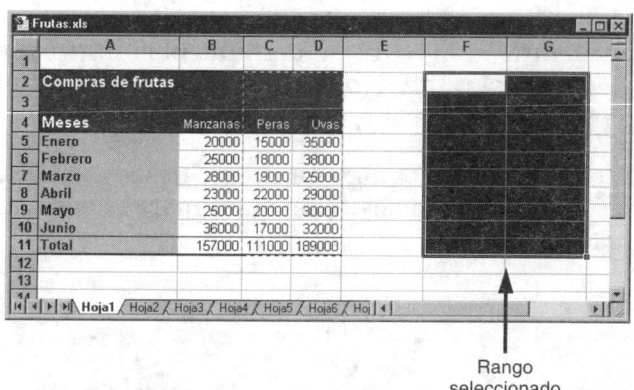

Rango
seleccionado

▶ Suelte el botón del *mouse* y el formato quedará copiado.

◗ Haga clic en cualquier celda para eliminar la
selección y la hoja se verá así:

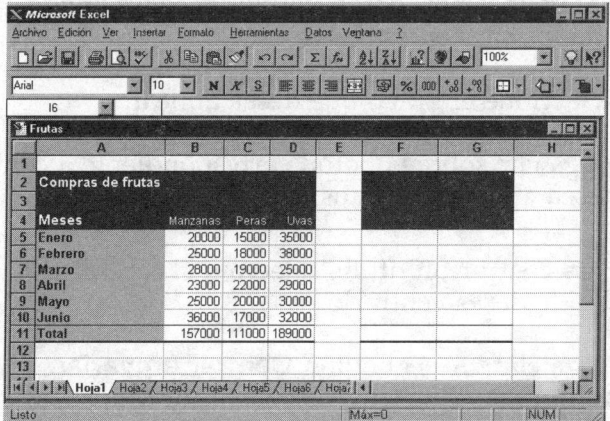

◗ Si desea copiar varias veces el mismo formato,
haga doble clic en el botón **Copiar formato** y
éste quedará activado para copiar varias veces el
mismo formato en los rangos seleccionados.

Copiar
formato

◗ Si desea borrar el formato seleccione el rango,
elija la opción **Borrar** y en el submenú escoja
**Formato** del menú **Edición**.

### Alineación de datos

Al introducir información en las celdas de una hoja
de cálculo los datos de tipo texto se alinean automáticamente a la izquierda y los numéricos a la
derecha. Sin embargo, estos datos pueden alinearse
a la izquierda, a la derecha o centrarse, utilizando
en la barra de herramientas **Formato** los siguientes
botones:

Alinear a la
derecha

Centrar
en la celda

Alinear a la
izquierda

Centrar en
varias
columnas

También puede centrar un título con respecto a varias columnas utilizando el botón **Centrar en varias columnas**.

Para alinear los datos, con los botones, tenga en cuenta los siguientes pasos:

▶ Seleccione el rango que desea alinear.

▶ Haga clic sobre el botón correspondiente a como desea alinear los datos.

▶ Para centrar un título, seleccione las celdas donde desea centrarlo.

Centrar en
varias
columnas

▶ Haga clic sobre el botón **Centrar en varias columnas**.

Por ejemplo, dada una hoja de cálculo donde los datos de texto están alineados a la izquierda y los numéricos a la derecha:

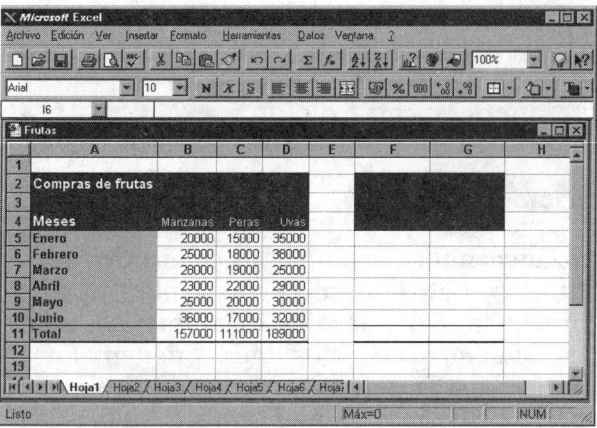

▶ Seleccione el rango **A4:D11**.

▶ Haga clic sobre el botón **Centrar en la celda**.

Centrar
en la celda

▶ Seleccione el rango **A2:D2**, que son las celdas donde se desea centrar el título.

▶ Oprima el botón **Centrar en varias columnas**.

Centrar en
varias
columnas

▶ ... finalmente la hoja quedará de la siguiente forma:

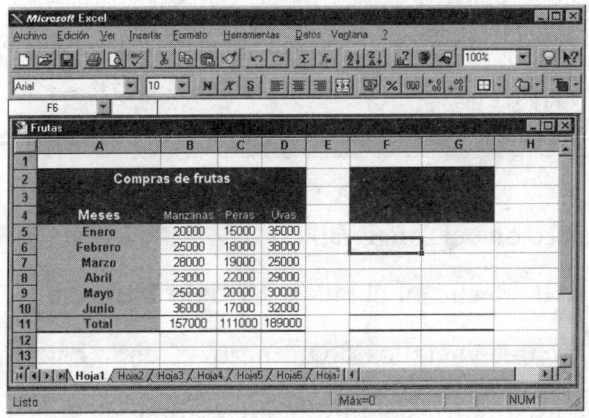

## Formato de números

Para dar formato a los números puede utilizar los siguientes botones en la barra de herramientas **Formato**:

**Modelo Moneda**
Coloca el signo "$" y dos cifras decimales.

**Modelo Porcentual**
Coloca el signo "%" y multiplica por 100.

**Modelo Millares**
Coloca puntos cada tres dígitos.

Por ejemplo, para dar **Modelo Moneda** a los
datos de la siguiente hoja:

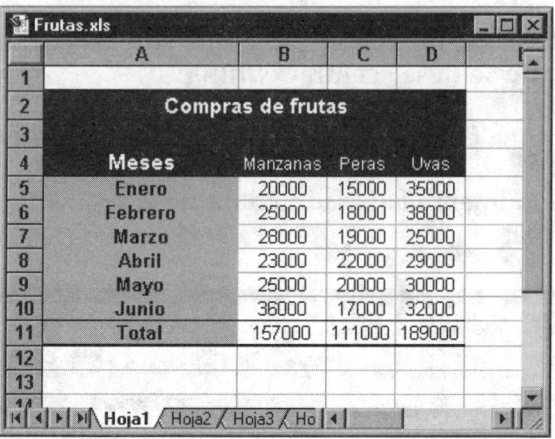

Modelo
moneda

▶ Seleccione el rango **B5:D11**.

▶ ... y haga clic en el botón **Modelo Moneda**.

▶ Si aparecen signos de número "#" en la columna
es porque los datos no caben en ésta. Aumente
el tamaño de la columna y los nuevos datos
deberán aparecer así:

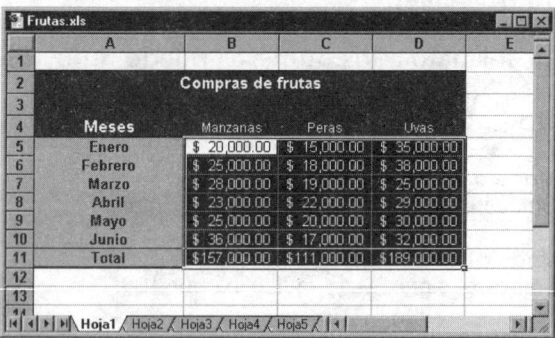

La cantidad de cifras decimales puede disminuirse o aumentarse con los siguientes botones de la barra de herramientas **Formato**:

 Aumentar decimales

 Disminuir decimales

## Tipos y tamaños de fuentes

Los tipos y tamaños de fuentes pueden modificarse dependiendo de las características de la impresora seleccionada.

Para definir el tipo y el tamaño de fuente realice lo siguiente:

▶ Seleccione toda la hoja de cálculo.

Botón para seleccionar toda la hoja

♦ Oprima la flecha que aparece en el cuadro **Fuente** de la barra de herramientas **Formato**.

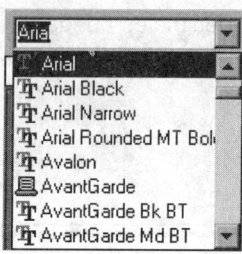

♦ ... y aparecerá una lista de los tipos de fuentes disponibles; seleccione la que desea, por ejemplo, Arial.

♦ Haga clic en la flecha del cuadro **Tamaño de fuente**, por ejemplo, 12.

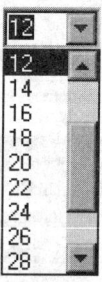

◗ El aspecto será el siguiente:

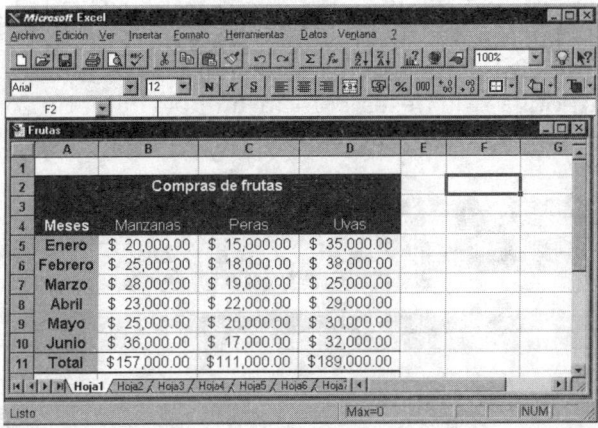

También puede cambiar el tipo y el tamaño de fuente para un rango determinado de la siguiente manera:

◗ Seleccione el rango en donde desea cambiar el tipo y tamaño de la letra.

◗ Escoja el tipo y tamaño de la letra en **Fuente** y **Tamaño fuente,** respectivamente.

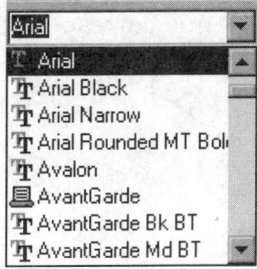

## Modificar los atributos de fuente

Existen otras herramientas para cambiar los atributos de las fuentes, los botones **Negrita**, **Paleta portátil Color de fuente**, **Cursiva** y **Subrayar**.

Suponga que desea colocar en negrita el título y en cursiva el resto del texto de la siguiente hoja:

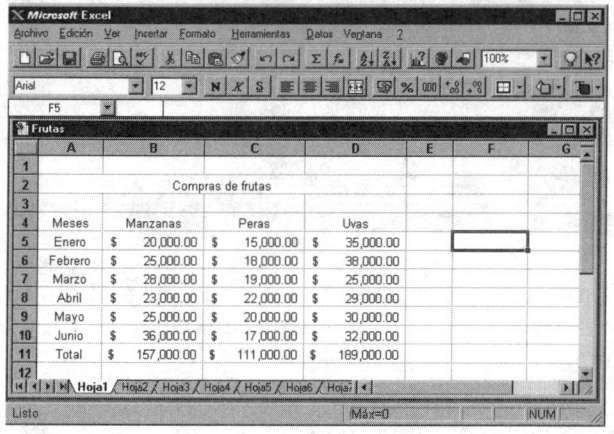

▶ Seleccione la celda **A2** que corresponde al título de la hoja.

Negrita

▶ Haga clic en el botón **Negrita**.

▶ Seleccione el rango **A4:D11** que corresponde al resto del texto de la hoja.

▶ Oprima el botón **Cursiva** y la hoja quedará con el siguiente aspecto:

Cursiva

 **Negrita**
Al oprimir este botón el texto seleccionado queda en negrita.

 **Paleta portátil Color de fuente**
Al pulsar este botón aparece una cuadrícula con varias opciones de color para el texto; seleccione el rango donde desea cambiar el color del texto y elija el color que desee.

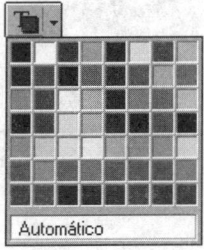

**Cursiva**
Seleccione el rango que desea colocar en letra cursiva y haga clic en el botón **Cursiva** de la barra de herramientas **Formato**.

 **Subrayar**
Seleccione el rango que desea colocar en letra subrayada y oprima el botón **Subrayar** de la barra de herramientas **Formato**.

### Bordes y sombreados de color

Los bordes de la hoja de cálculo y el color del fondo pueden modificarse utilizando las herramientas **Paleta portátil Bordes** y **Paleta portátil Color de fondo**.

Por ejemplo, para colocar un borde grueso y fondo amarillo a la siguiente hoja de cálculo proceda así:

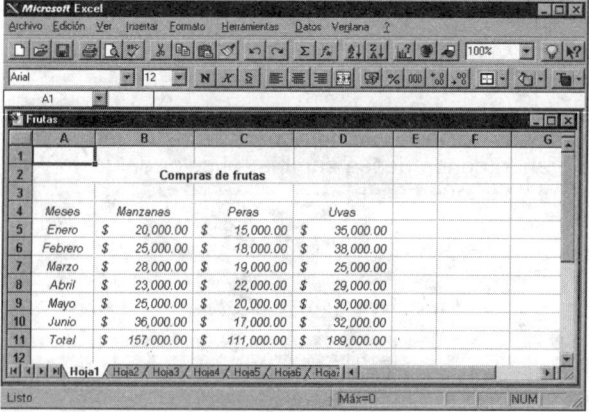

‣ Seleccione el rango A2:D11, que corresponde al espacio que ocupan los datos de la hoja.

‣ En la **Paleta portátil Bordes** elija el último borde completo.

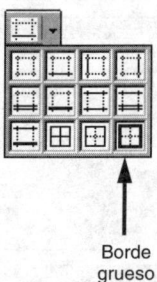

Borde
grueso

‣ En la **Paleta portátil Color de fondo** escoja el color amarillo.

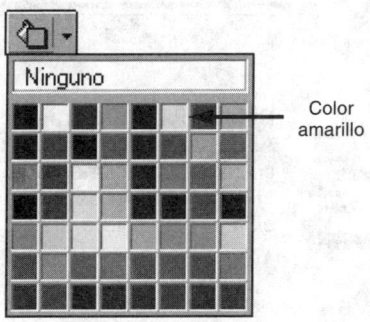

Color
amarillo

▶ Los datos de la hoja quedarán con el siguiente formato:

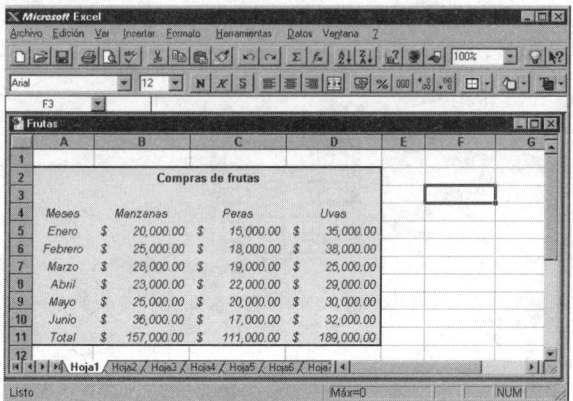

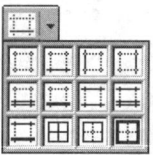

**Paleta portátil Bordes**
Al pulsar este botón se abre una cuadrícula con varias opciones de bordes. Seleccione el rango donde desea cambiar los bordes y elija el que quiera aplicar.

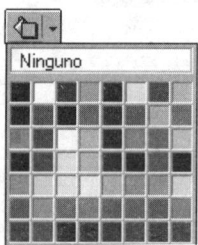

**Paleta portátil Color de fondo**
Este botón sirve para dar un color al fondo del texto de la hoja de cálculo. Haga clic en la flecha del botón y aparecerá una cuadrícula con todas las opciones para el fondo.

## Cambiar el tamaño de fila

Para cambiar el alto de una fila proceda de la siguiente manera:

▶ Seleccione las filas que desea modificar.

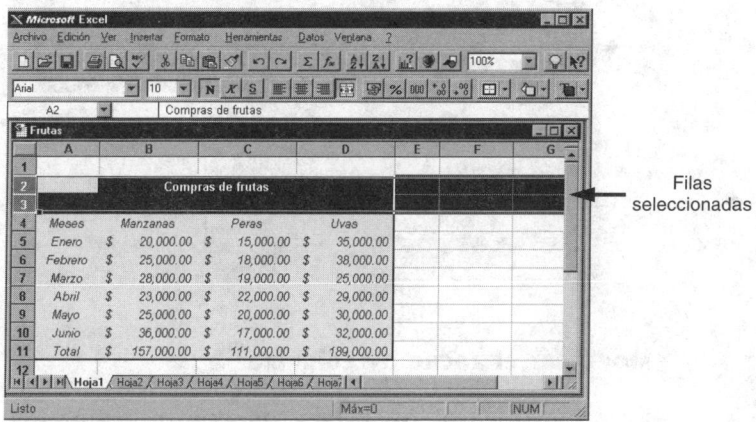

Filas
seleccionadas

▶ Elija la opción **Fila** del menú **Formato** y en el submenú escoja la opción **Alto...**

▶ ... y aparecerá el cuadro de diálogo **Alto de fila** en el que puede especificar un valor para el alto de la fila:

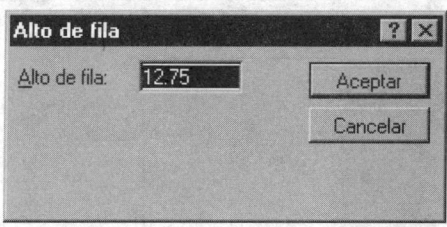

▶ Digite en el recuadro **Alto de fila:** el nuevo tamaño y presione **Aceptar**, por ejemplo, 25.

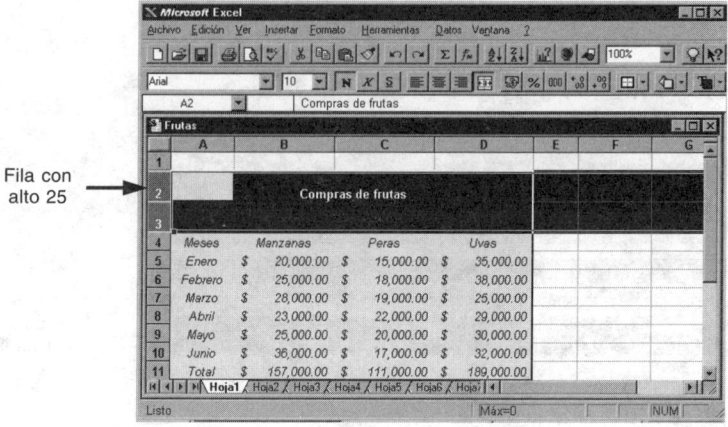

Fila con alto 25

## Modificar el ancho de columna

Para modificar el ancho de una columna siga los siguientes pasos:

▶ Seleccione la(s) columna(s) que desea modificar.

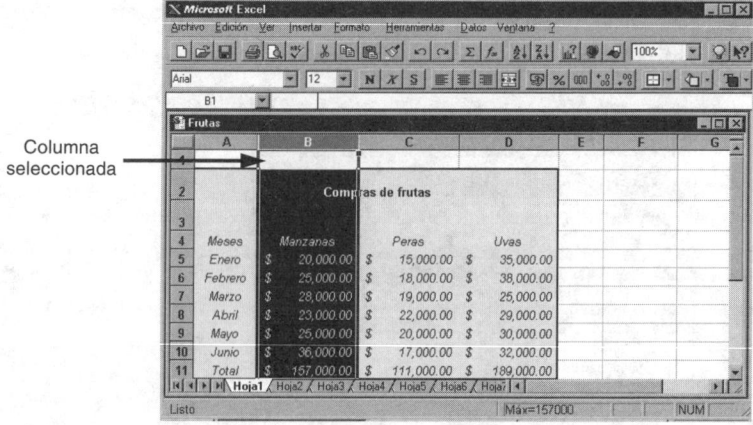

Columna seleccionada

▶ Elija la opción **Columna** del menú **Formato** y en
el submenú escoja la opción **Ancho...**

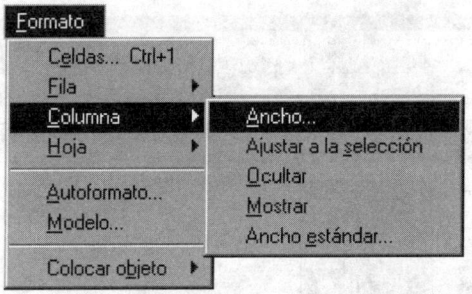

▶ ... y aparecerá el cuadro de diálogo **Ancho de
columna**. En la casilla **Ancho de columna:**
digite, por ejemplo, 20.

◆ Presione el botón **Aceptar** y el resultado será el siguiente:

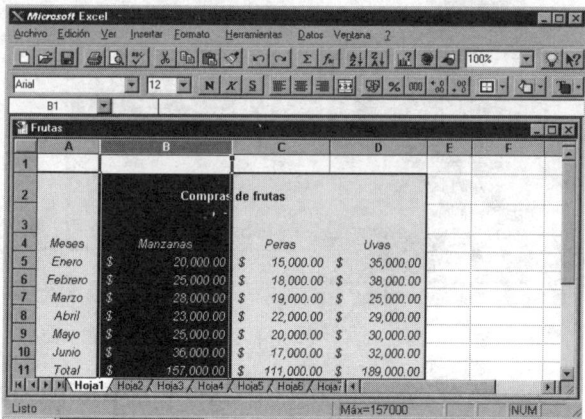

También puede modificar los tamaños de cada fila o columna, colocando el puntero del *mouse* en el lado derecho del encabezado de la columna o abajo del encabezado de la fila y arrastrándolo hasta obtener el tamaño deseado.

El tamaño aparece en la ventana del nombre de la celda activa.

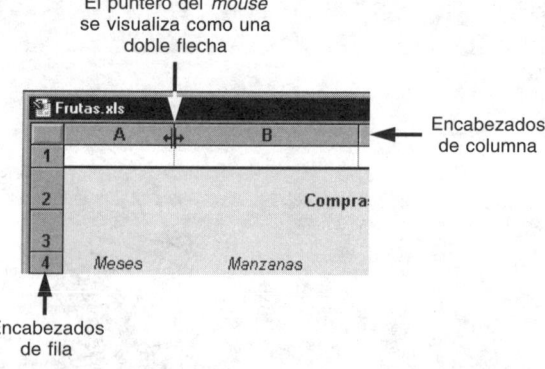

El puntero del *mouse* se visualiza como una doble flecha

Encabezados de columna

Encabezados de fila

# Crear
# fórmulas

## Sumar filas y/o columnas

Sumar filas y columnas es, quizá, la operación que más se ejecuta en una hoja de cálculo. Excel 7.0 facilita esta operación con el botón **Autosuma** que se encuentra en la barra de herramientas **Estándar**.

Autosuma

Los pasos que debe seguir para sumar una fila o una columna son los siguientes:

◗ Active la celda donde se colocará el resultado de la suma.

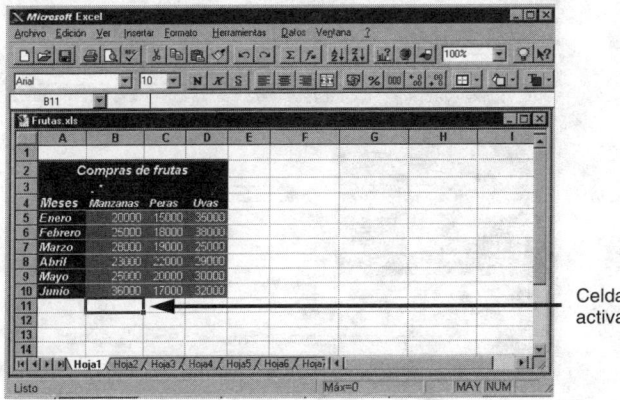

Celda activa

Autosuma

▶ Haga clic sobre el botón **Autosuma**.

▶ ... y aparecerá la fórmula de sumar tanto en la celda activa como en la **Barra de fórmulas**.

Barra de fórmulas

Celda activa

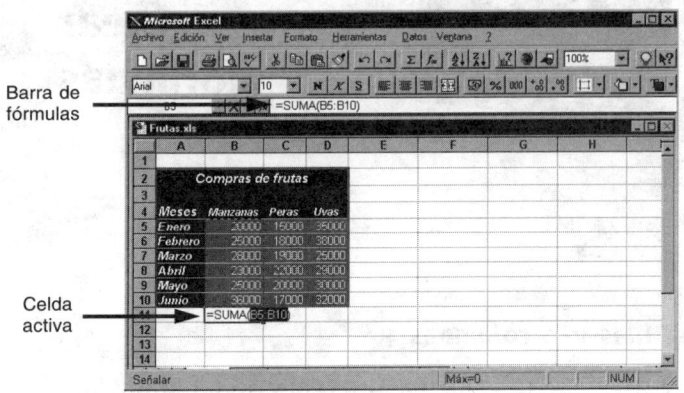

Aceptación

▶ Haga clic en el botón **Aceptación** que se encuentra en la **Barra de fórmulas** o presione la tecla **Enter**.

Por ejemplo, dada la siguiente hoja de cálculo, sume los datos correspondientes a la columna Manzanas:

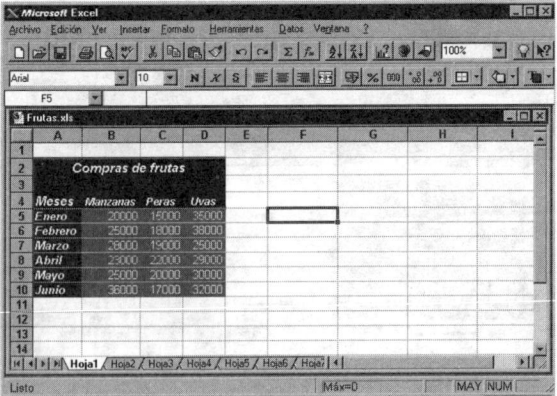

▶ Active la celda **B11** para colocar el resultado de la suma.

▶ Haga clic en el botón **Autosuma** y Excel 7.0 asignará un rango de datos que se van a sumar, en este caso B4:B10, y en la celda activa aparecerá la fórmula:

Autosuma

$$=SUMA(B5:B10)$$

▶ Haga clic en el botón **Aceptación** o presione **Enter**; la hoja quedará así:

Aceptación

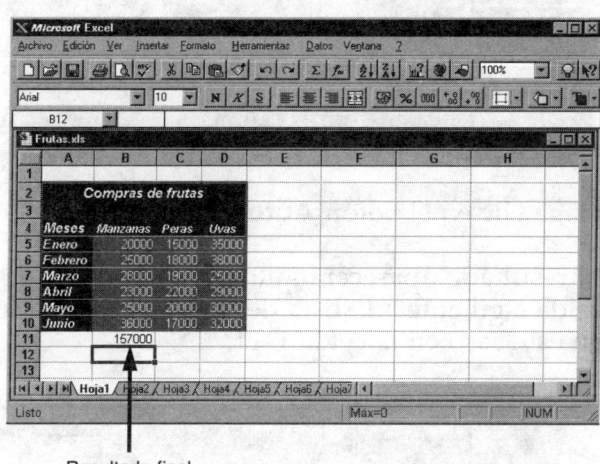

Resultado final

Puede también seleccionar un rango y utilizar la función **Autosuma** de la siguiente manera:

◗ Seleccione el rango que desea sumar, por ejemplo, C5:C10:

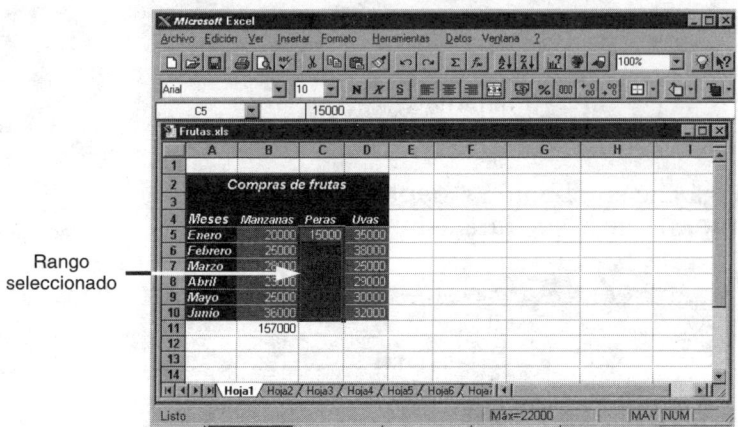

Rango seleccionado

◗ Haga clic en el botón **Autosuma**.

Autosuma

◗ El resultado aparecerá automáticamente en la celda siguiente a la lista de datos seleccionados, en este caso en la celda C11.

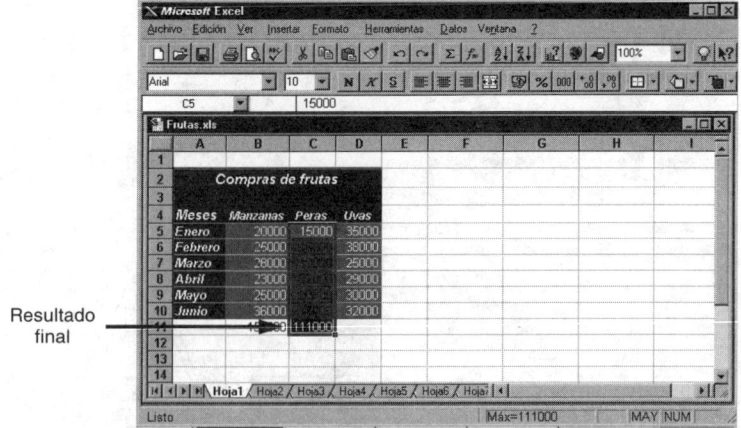

Resultado final

## Barra de fórmulas

En la **Barra de fórmulas** puede escribir funciones y fórmulas. Para activar la **Barra de fórmulas** haga clic en el área de entrada de datos o comience a escribir en la celda activa. Suponga que tiene la siguiente fórmula:

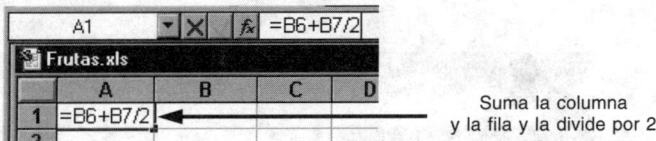

Suma la columna y la fila y la divide por 2

☒ **Botón de cancelación**
Al hacer clic en este botón se cancela la entrada de datos en la **Barra de fórmulas**.

☑ **Botón de aceptación**
Al oprimir este botón se acepta la entrada de datos en la **Barra de fórmulas**.

ƒx **Asistente para funciones**
Si pulsa este botón se visualiza la ventana de diálogo **Asistente para funciones**. Dicho botón también se encuentra en la barra de herramientas **Estándar**.

=B6+B7/2    **Área de entrada**
En este recuadro se escribe la fórmula correspondiente a los cálculos que se desean hacer. Siempre se debe escribir el signo igual antes de la fórmula.

=B6+B7/2    **Celda activa**
Esta aparece resaltada indicando que está activa.

▶ Para ejecutar la misma fórmula en diferentes celdas, ubique el puntero del *mouse* en la esquina inferior derecha de la celda que contiene la fórmula de modo que su aspecto sea de cruz, arrastre la celda (con el botón izquierdo del *mouse* presionado) hasta donde desea aplicar la fórmula, y los resultados de la operación aparecerán automáticamente:

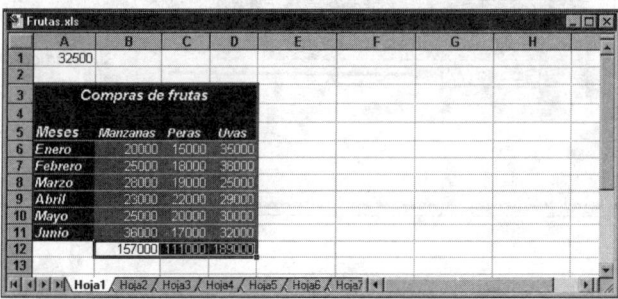

Al activar la celda sólo aparece el resultado y la fórmula se visualizará en la barra de fórmulas.

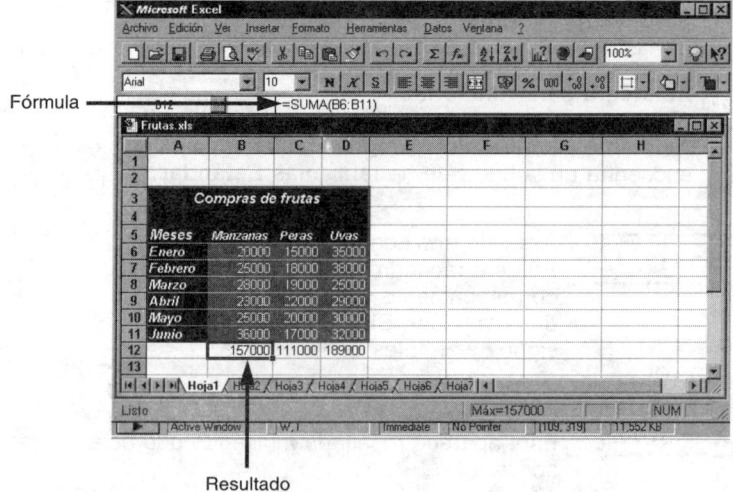

◗ Al hacer doble clic en una celda con fórmula, ésta quedará activada:

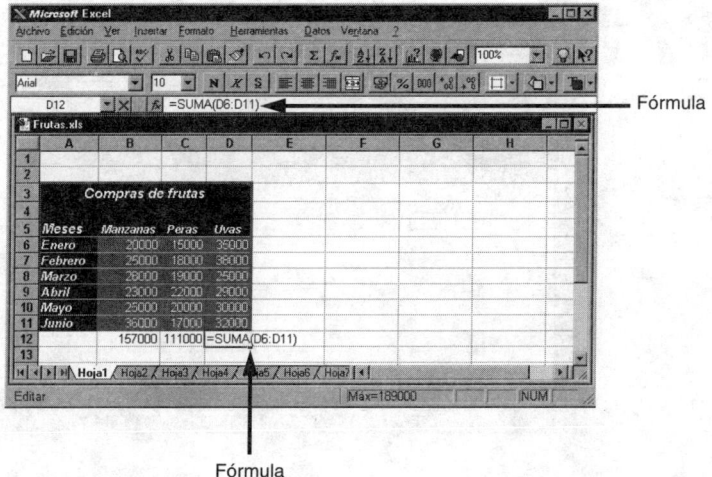

Fórmula

Fórmula

## Operadores

Los operadores son signos que se utilizan para estructurar determinada operación o fórmula; por ejemplo, sumar, si son aritméticos, o mayor que, si son de comparación.

Los operadores aritméticos realizan cálculos matemáticos básicos con valores numéricos.

Estos operadores son:

/   División
−   Resta o negación, resta dos valores o niega uno
*   Multiplicación
%   Porcentaje
^   Función exponencial

◗ Siempre que se vaya a escribir una fórmula, coloque el signo igual (=) al comienzo, por ejemplo =2+5.

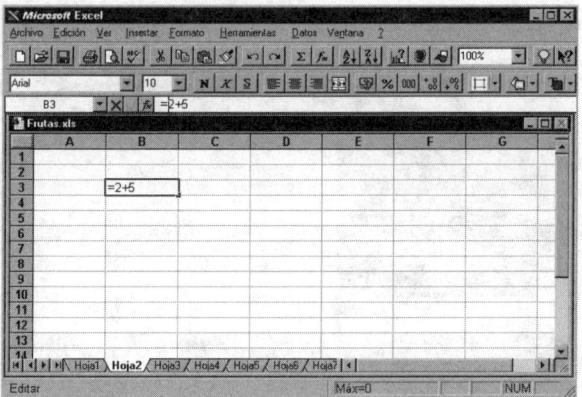

◗ La fórmula =5^2*30, significa que 5 se eleva al cuadrado y este resultado se multiplica por 30 para obtener como resultado final 750, el que aparecerá en la celda activa.

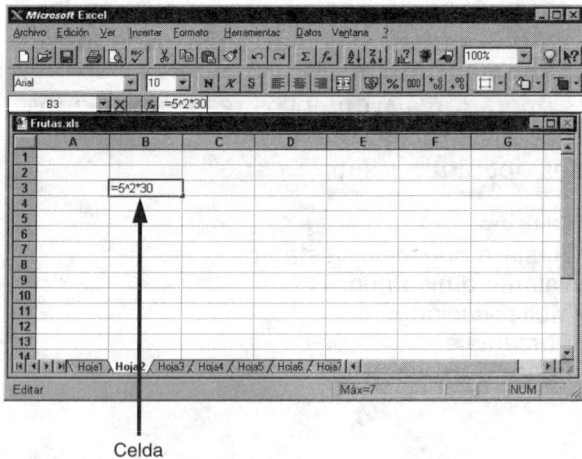

Celda

‣ Casi todos los operadores aritméticos requieren dos valores; por ejemplo, en =2+5 interviene el operador suma y los valores 2 y 5, en cambio el operador porcentaje, que requiere un valor, por ejemplo, =25%, divide 25 por 100 para obtener el valor 0.25.

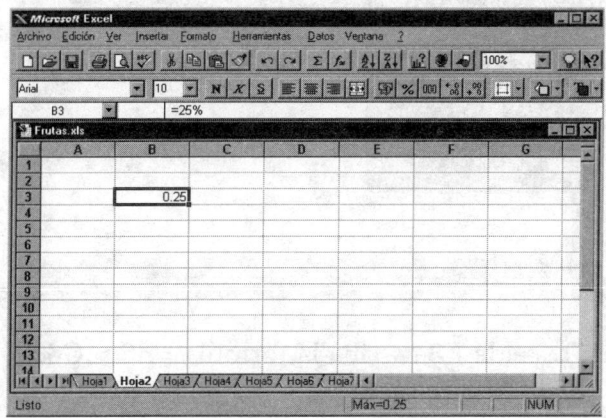

Los operadores de comparación son utilizados para producir valores lógicos, es decir, **FALSO** o **VERDADERO**. También debe colocarse antes de la fórmula el signo igual (=). Estos operadores son los siguientes:

    =   Igual
    >   Mayor que
    <   Menor que
    >=  Mayor o igual que
    <=  Menor o igual que
    <>  Diferente de

Por ejemplo, si necesita comparar los valores de las columnas B y C:

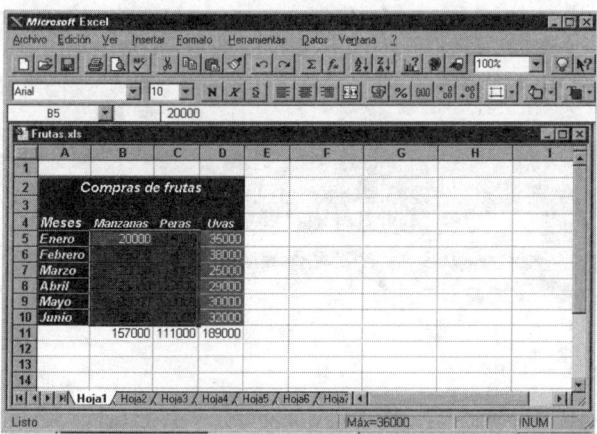

▶ En la celda F3 escriba la fórmula =B6 > C6 y cópiela en las celdas F4 a la F8.

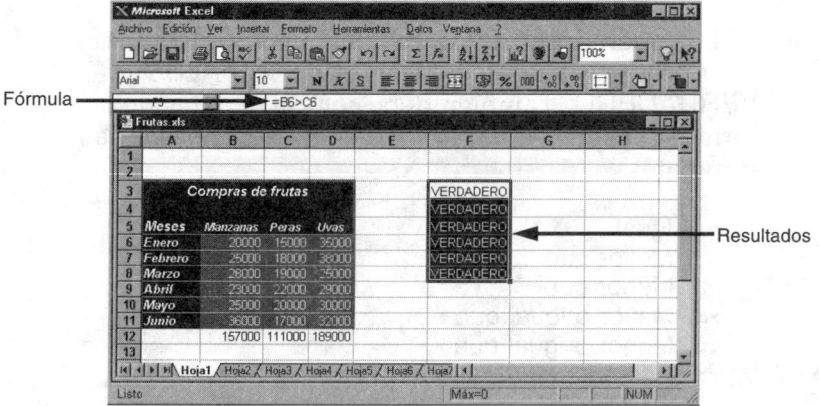

El operador de comparación devolverá un valor VERDADERO o FALSO según se cumpla o no la afirmación de que el número de la columna A es mayor que el de la columna B.

También existe un operador de texto, representado por el signo **&** que concatena dos o más conjuntos de caracteres.

▶ Por ejemplo, si la celda **B2** contiene el texto **Producción** y la celda **D3** contiene el texto **de manzanas**:

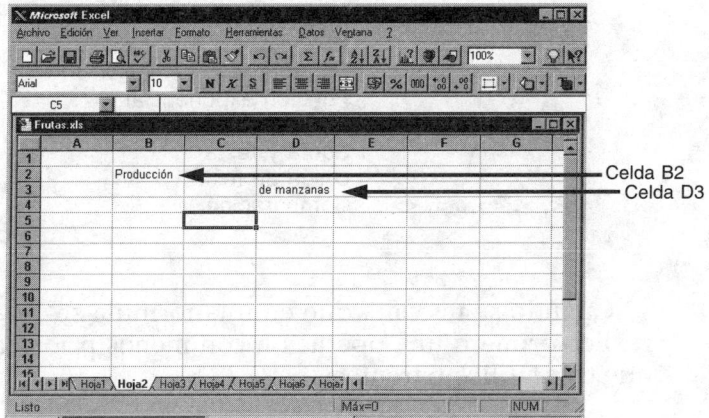

▶ Para concatenar estas palabras vaya a la celda C5 y escriba la siguiente fórmula **=B2&D3** y el resultado será: **Producción de manzanas**.

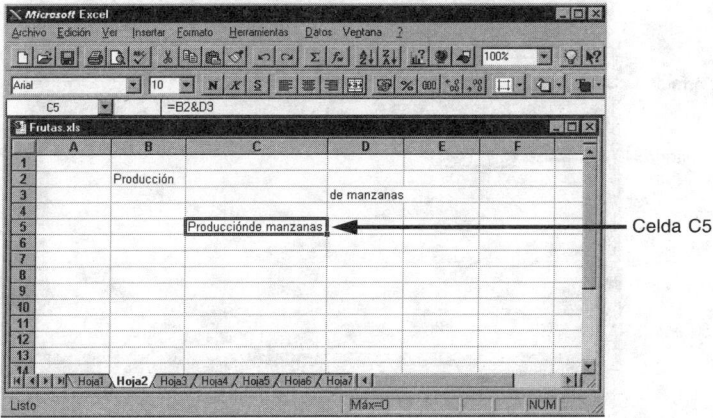

### Prioridades de los operadores

Si al introducir fórmulas, combina varios operadores sin utilizar paréntesis, Excel 7.0 realizará primero las operaciones con mayor prioridad, es decir, de mayor importancia. El orden de prioridad es el siguiente:

| | |
|---|---|
| = | Igual |
| – | Negación |
| % | Porcentaje |
| ^ | Función exponencial |
| * / | Multiplicación y división |
| +– | Suma y resta |
| & | Unión de texto |
| =, <, >, <=, >=, <> | Comparación |

Cuando se necesita que en una fórmula se realice primero una operación con menos prioridad que otra utilice paréntesis.

▶ En la siguiente fórmula se multiplica primero 5 por 8 y luego se suma el resultado con 9, ya que la multiplicación tiene prioridad sobre la suma.

Fórmula

Resultado

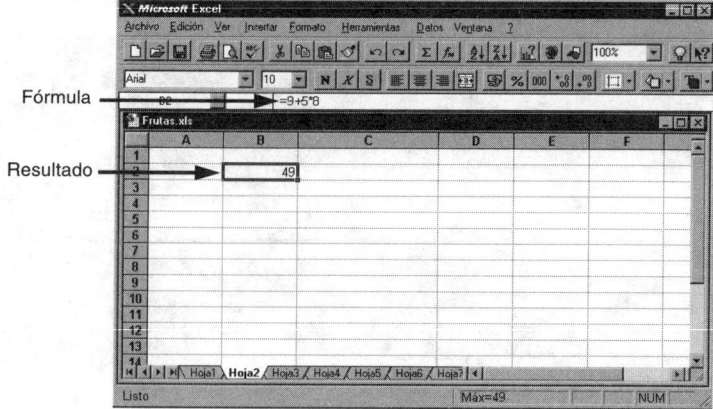

◆ En esta otra fórmula se suma primero 9 con 5 y
luego se multiplica por 8; el resultado no es el
mismo que el de la fórmula anterior ya que el
paréntesis hace que la suma se realice primero.

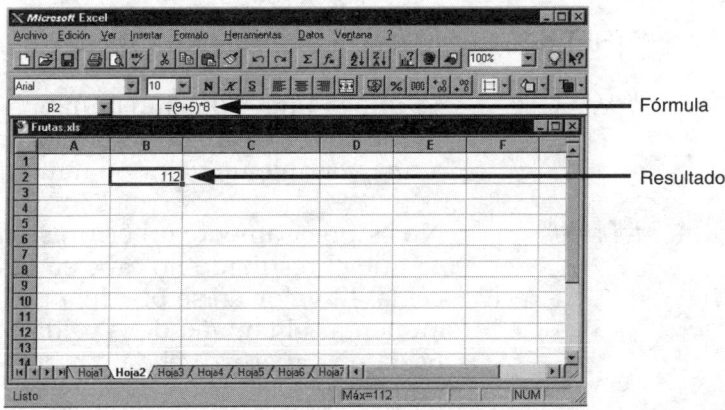

Fórmula

Resultado

## Algunos errores que generan las fórmulas

Cuando una fórmula está mal construida o no
puede calcularse un valor, Excel 7.0 envía un
mensaje de error a la celda activa.

Los valores de error siempre comienzan con el
signo de número (#). Algunos de los errores que se
presentan son:

#¡DIV/0!        Informa que se intenta dividir por
                cero.

#¡NULO!         Especifica una intersección no válida
                en dos áreas.

#N/A            Significa que no hay ningún valor
                en alguna de las celdas utilizadas en
                la fórmula.

#¿NOMBRE?    Excel 7.0 no reconoce el nombre utilizado en la fórmula.

#¡NUM!     Se está usando un número incorrectamente.

#¡REF!     Refencia una celda no válida.

#¡VALOR!    Se utiliza un argumento o un operando equivocado, por ejemplo, dar a una variable un valor no numérico.

######     No es precisamente un error, significa que el resultado no cabe en la celda. El valor no se pierde; puede aumentar el tamaño de la celda hasta que aparezca el dato correspondiente.

Para ocultar una fórmula seleccione la opción **Celdas** del menú **Formato** y en **Protección** escoja **Ocultar**.

## Asistente para funciones

El **Asistente para funciones** permite crear desde una fórmula muy sencilla hasta fórmulas complejas.

Una función es una fórmula que realiza una operación. Por ejemplo, =SUMA(C31:C36) es una función que suma los datos desde la celda C31 hasta la C36, que es lo mismo que hacer la operación =(C31+C32+C33+C34+C35+C36).

Hay funciones que no necesitan parámetros, es decir, dentro del paréntesis no va ningún argumento, por ejemplo, la función **=AHORA( )** devuelve la fecha y hora actual:

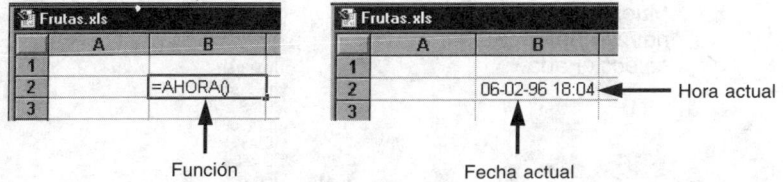

Función                    Fecha actual    Hora actual

▶ Oprima este botón y se abrirá el cuadro de diálogo **Asistente para funciones**.

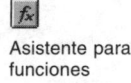

Asistente para funciones

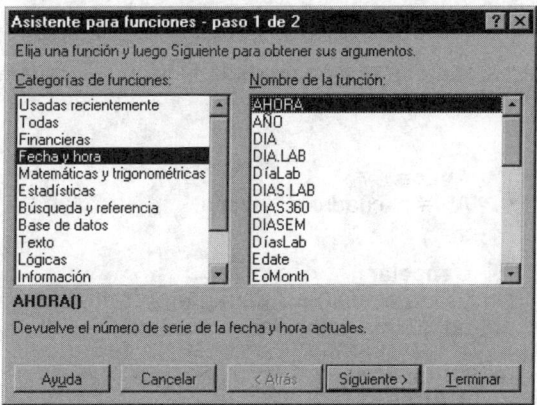

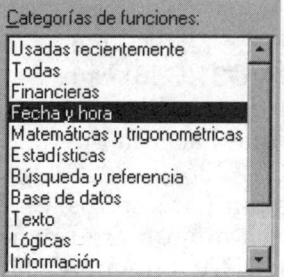

**Categorías de funciones:**
Aparece una lista de todos los tipos de funciones que puede utilizar, por ejemplo, fórmulas financieras, de texto, lógicas y otras.

**Nombre de la función:**
Muestra la lista de las funciones según la categoría seleccionada.

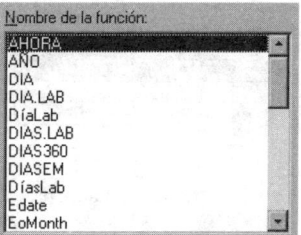

En esta área aparece el formato de la función seleccionada y una descripción de lo que realiza.

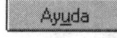
**Ay<u>u</u>da**
Abre el cuadro de ayuda.

**Cancelar**
Cierra el cuadro **Asistente para funciones** y no guarda cambios.

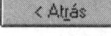
**< At<u>r</u>ás**
Va al paso anterior del **Asistente para funciones**.

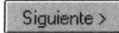 **Siguiente >**
Pulse este botón para obtener los argumentos de la función. Aparecerá el cuadro de diálogo **Asistente para funciones - paso 2 de 2.**

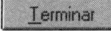 **Terminar**
Finaliza las tareas del asistente.

En el siguiente ejemplo se calculará la edad promedio de la siguiente lista:

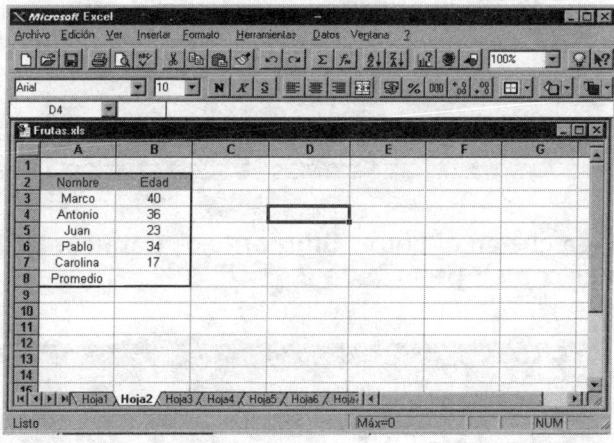

▶ Active la celda **B8** que corresponde al lugar donde se va a colocar el resultado valor promedio.

Asistente para
funciones

▶ Haga clic sobre el botón **Asistente para funcio-nes** de la barra de herramientas **Estándar**.

▶ Elija **Estadísticas** en **Categoría de funciones:** y **Promedio** en **Nombre de la función:**

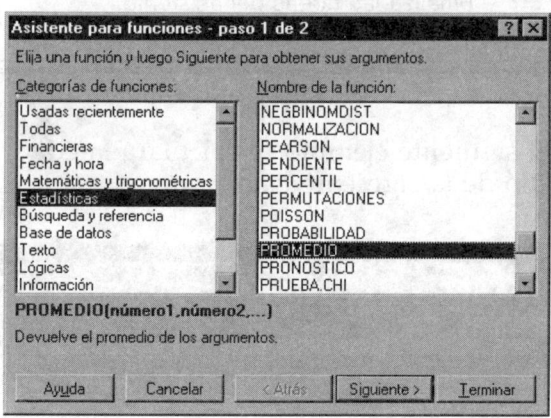

▶ Haga clic en el botón **Siguiente >**, para conti-nuar con el **paso 2 de 2**.

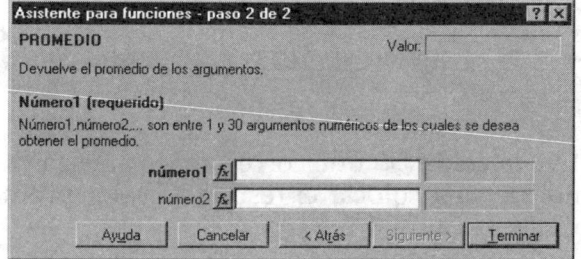

▶ En el recuadro **número 1** escriba B3:B7, o sea el rango donde se calculará el promedio.

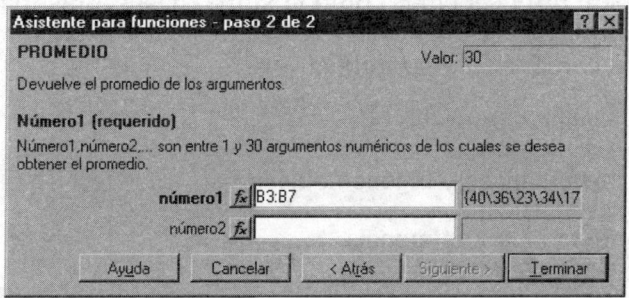

▶ Haga clic en el botón **Terminar** para insertar la función con los argumentos activos y realizar el cálculo en la celda activa.

▶ Finalmente, la hoja quedará de la siguiente forma:

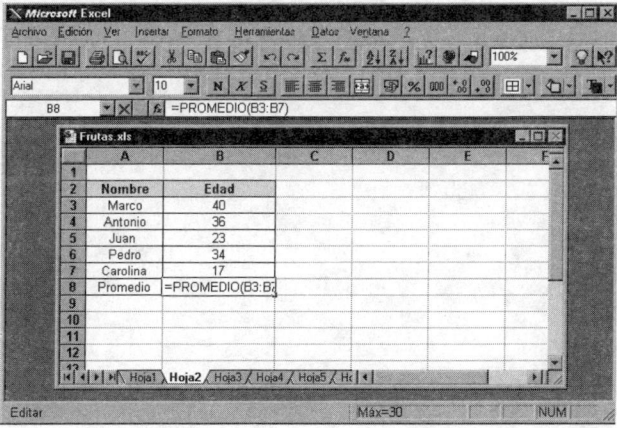

## Categorías de funciones

Excel 7.0 ofrece nueve clases de funciones que van desde muy sencillas como la suma, hasta otras más complejas como el cálculo de la desviación estándar. Las categorías disponibles son:

Financieras
Fecha y hora
Matemáticas y trigonométricas
Estadísticas
Búsqueda y referencia
Base de datos
Texto
Lógicas
Información

# Creación de objetos gráficos

La creación de objetos gráficos en Excel 7.0 se realiza mediante la barra de herramientas **Dibujo**. Estos objetos pueden moverse, modificarse y cambiar sus características de tamaño, color y textura.

### Barra de herramientas Dibujo

La barra de herramientas **Dibujo** contiene una serie de botones que permiten crear objetos.

▶ Para ver la barra de herramientas **Dibujo** seleccione el botón **Mostrar barra Dibujo** de la barra de herramientas **Estándar**.

Mostrar
barra Dibujo

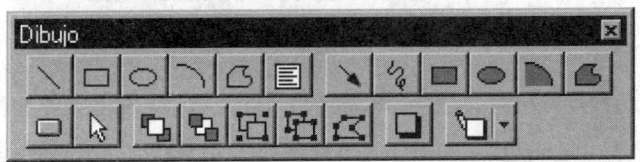

Con estos botones puede hacer líneas, cuadrados, polígonos, elipses, formas libres, rellenos, etc.

### Líneas y flechas

En la barra de herramientas **Dibujo** se encuentran, entre otros, los siguientes botones que permiten dibujar líneas y flechas:

**Línea**
Permite dibujar una línea recta.

**Dibujar a mano alzada**
Permite trazar líneas como si se estuviera dibujando con un lápiz.

**Flecha**
Permite crear líneas rectas con flechas.

Flecha

▸ Para crear estos dibujos seleccione el botón que corresponde a la figura deseada, en este caso **Flecha**, luego arrastre el puntero del *mouse* sobre la hoja hasta obtener la figura.

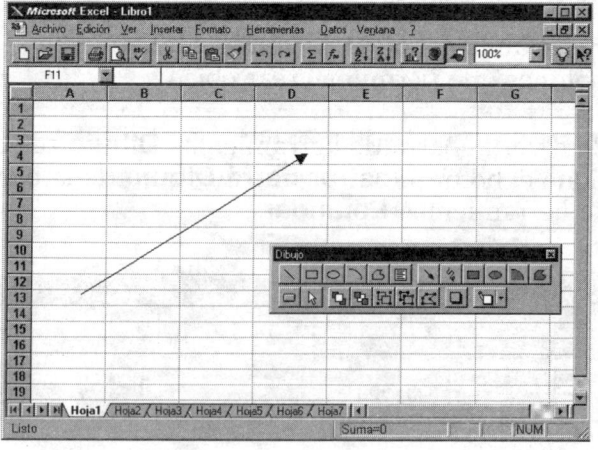

## Rectángulos, elipses y arcos

También puede dibujar arcos y formas cerradas. Los siguientes botones permiten hacer este tipo de dibujos:

 **Rectángulo**
Permite dibujar un rectángulo o un cuadrado.

**Elipse**
Permite dibujar una elipse o una circunferencia.

**Arco**
Permite dibujar un arco.

▶ Seleccione el botón **Elipse** de la barra de herramientas **Dibujo** y arrastre el puntero del *mouse* sobre la hoja hasta obtener la figura.

Elipse

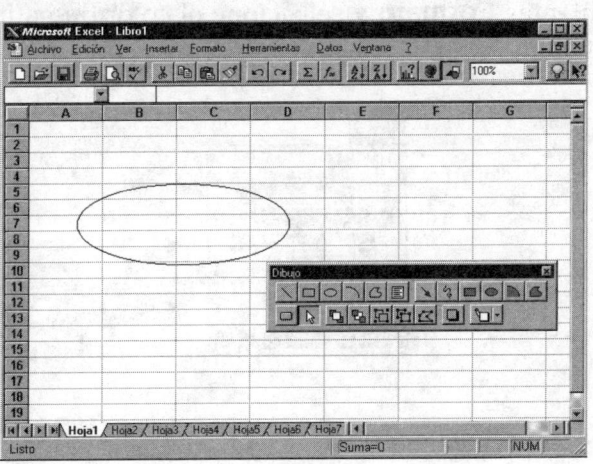

### Rectángulos, elipses y arcos llenos

Puede crear figuras rellenas con fondo y color por medio de los siguientes botones:

**Rectángulo lleno**
Permite hacer un rectángulo o un cuadrado con color en su interior.

**Elipse llena**
Dibuja una elipse o una circunferencia con color en su interior.

**Arco lleno**
Dibuja un arco con color de fondo.

Paleta portátil
Color de fondo

▶ Para escoger el color del relleno utilice la **Paleta portátil Color de fondo** de la barra de herramientas **Formato** y seleccione el color deseado estando la figura seleccionada.

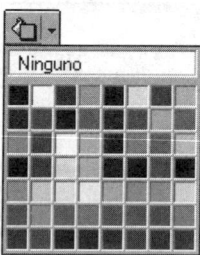

▶ Seleccione el botón **Elipse llena** de la barra de herramientas **Dibujo** y arrastre el puntero del *mouse* sobre la hoja hasta obtener la figura.

Elipse
llena

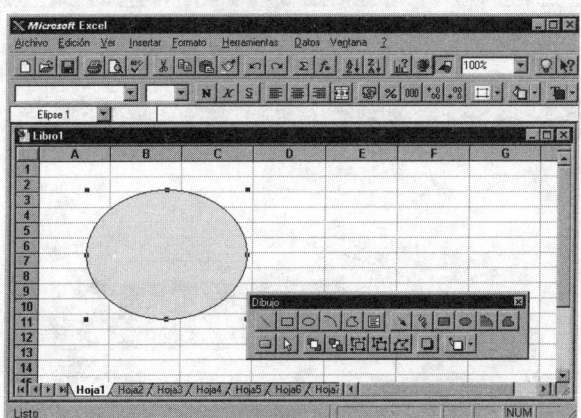

## Polígonos

Para dibujar polígonos se utilizan los botones **Forma libre** y **Forma libre llena**.

**Forma libre**
Dibuja una figura cerrada como si estuviera dibujando con lápiz.

**Forma libre llena**
Permite dibujar un polígono de la forma que desee con un color de fondo. Para elegir la textura y color utilice la **Paleta portátil Diseño**, pero para seleccionar el color del relleno emplee la **Paleta portátil Color de fondo**.

Forma
libre

▶ Seleccione el botón **Forma libre** y arrastre el puntero del *mouse* hasta obtener el objeto.

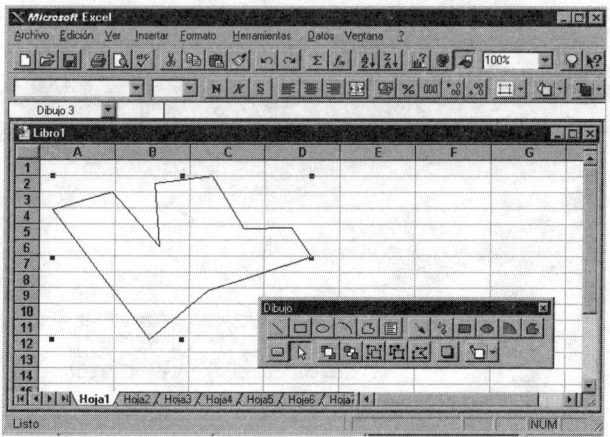

Debe terminar de dibujar en el mismo punto donde empezó ya que es un polígono o de lo contrario haga doble clic donde termine de dibujar.

### Cambiar la forma de los polígonos

También puede cambiar la forma de un polígono con el botón **Cambiar forma** de la barra de herramientas **Dibujo**.

▶ Seleccione el polígono que desea modificar haciendo clic sobre éste.

Cambiar
forma

▶ Haga clic en el botón **Cambiar forma**.

◗ Coloque el puntero del *mouse* sobre uno de los
cuadros de control hasta que se vea el puntero
como una cruz.

◗ Arrastre el puntero del *mouse* hasta donde desee
extender la figura.

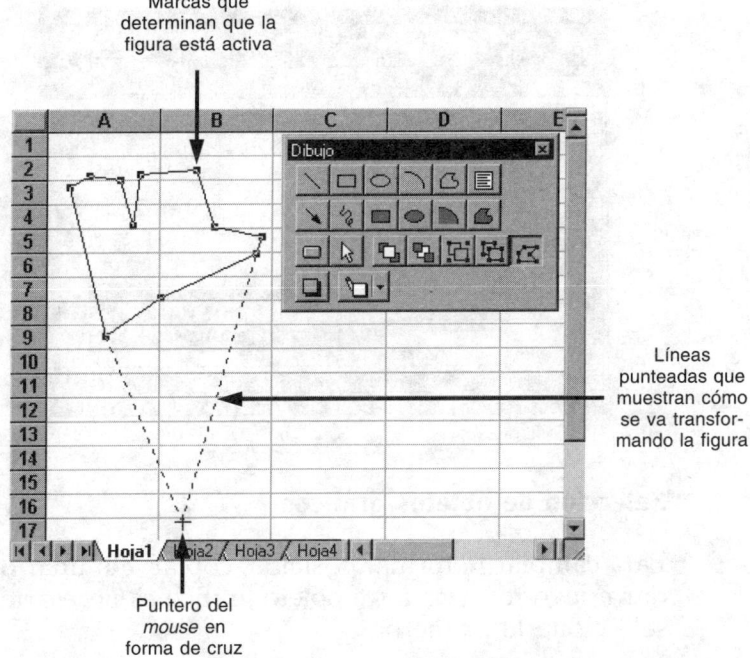

Marcas que
determinan que la
figura está activa

Líneas
punteadas que
muestran cómo
se va transfor-
mando la figura

Puntero del
*mouse* en
forma de cruz

## Cuadro de texto

El cuadro de texto es un recuadro donde puede
introducir texto. Se utiliza generalmente para
resaltar cierto tipo de información.

Este texto se guarda como un objeto gráfico, por
lo cual se puede girar, copiar, darle un formato, etc.

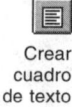
Crear
cuadro
de texto

▶ Para crear un cuadro de texto haga clic en el
botón **Crear cuadro de texto** de la barra de
herramientas **Dibujo**, arrastre el puntero del
*mouse* sobre la hoja de cálculo hasta obtener el
tamaño deseado y escriba el texto; el resultado
será el siguiente:

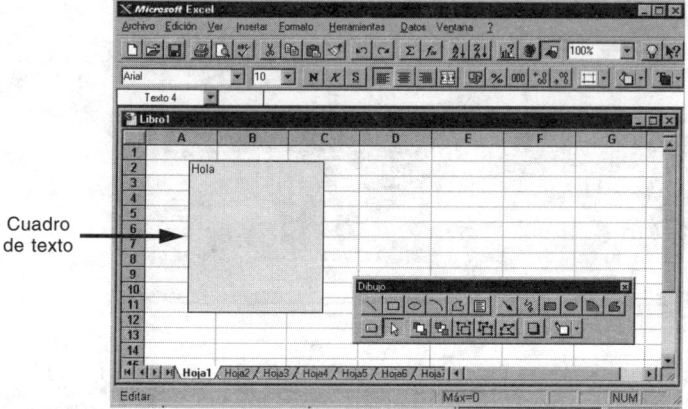

Cuadro
de texto

### Selección de objetos gráficos

Para cambiar la forma, posición, copiar, eliminar o
dar nuevo formato a un objeto gráfico es necesario
seleccionarlo primero.

Puntero

▶ Para seleccionar un objeto gráfico haga clic sobre
la figura o escoja primero el botón **Puntero** de la
barra de herramientas **Dibujo**; el puntero del
*mouse* se convertirá en flecha, lo que significa
que sólo puede seleccionar objetos gráficos y no
celdas mientras el botón **Puntero** esté activado.
Cuando se selecciona un dibujo, éste queda
marcado con pequeños cuadros negros alrede-
dor del objeto gráfico.

Si desea seleccionar un grupo de objetos:

🔹 Elija el botón **Puntero** y arrastre el *mouse* para encerrar los objetos.

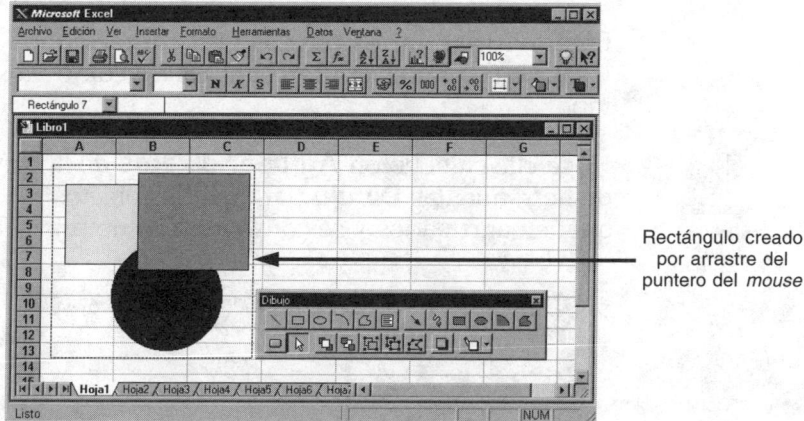

Rectángulo creado
por arrastre del
puntero del *mouse*

🔹 Suelte el botón del *mouse* cuando termine de seleccionar los objetos. La figura quedará seleccionada con pequeños cuadros negros.

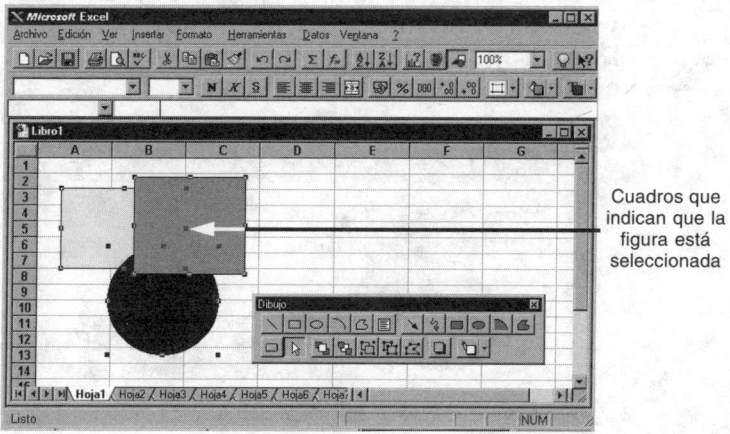

Cuadros que
indican que la
figura está
seleccionada

### Agrupación de objetos

Cuando se agrupan objetos éstos se comportan como si fueran una sola figura y de igual manera se pueden mover, copiar, dar formato, etc.

◗ Para agrupar varios objetos gráficos, selecciónelos arrastrando el puntero del *mouse* como ya se vio.

Agrupar
objetos

◗ Haga clic en el botón **Agrupar objetos** de la barra de herramientas **Dibujo** para que los objetos queden agrupados y se comporten como uno solo.

Objetos
gráficos
seleccionados →

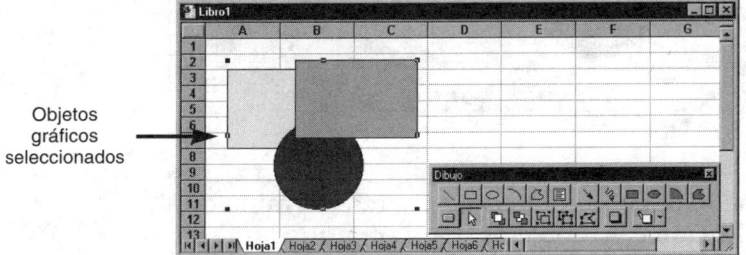

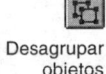

Desagrupar
objetos

◗ Si desea desagrupar los objetos, simplemente vuelva a seleccionarlos y haga clic en el botón **Desagrupar objetos** de la barra de herramientas **Dibujo.**

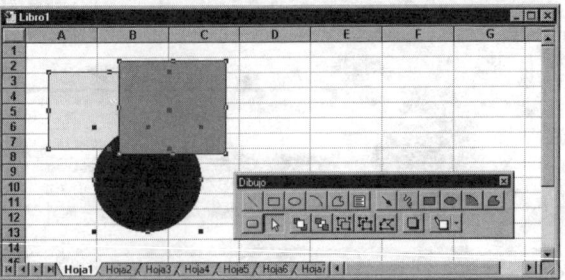

## Superposición de objetos

Superponer un objeto es colocarlo delante de otro,
permitiendo así la visibilidad del objeto superpuesto.
Existen dos botones en la barra de herramientas
**Dibujo** para el desplazamiento de objetos:

**Pasar hacia adelante**
Desplaza el objeto hacia delante.

**Pasar hacia atrás**
Desplaza el objeto hacia atrás.

Para colocar atrás o adelante un objeto haga lo
siguiente:

▶ Seleccione el objeto haciendo clic con el puntero
del *mouse*.

▶ Haga clic en el botón **Pasar hacia adelante**
(o **Pasar hacia atrás**).

Pasar
hacia
adelante

Por ejemplo, para pasar hacia atrás la elipse del
rectángulo:

▶ Haga clic sobre la elipse para seleccionarla.

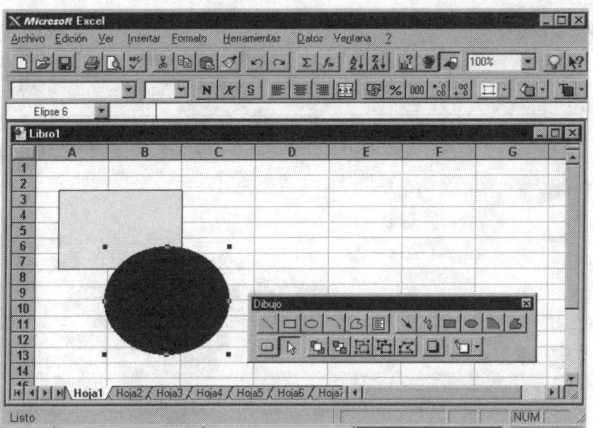

Pasar
hacia atrás

▶ Pulse el botón **Pasar hacia atrás** de la barra de herramientas **Dibujo** y la elipse quedará detrás del rectángulo.

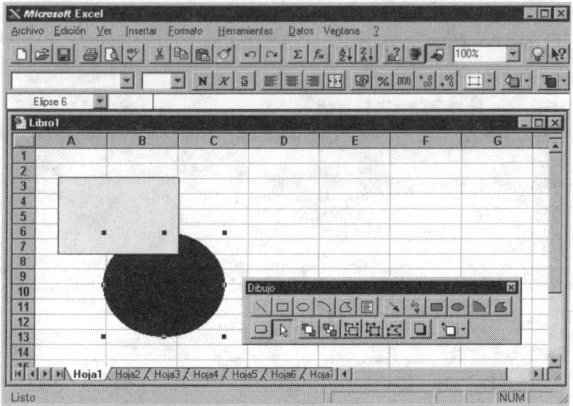

## Cambiar el tamaño o la forma de un objeto

Para cambiar el tamaño o la forma de un objeto realice lo siguiente:

▶ Seleccione el objeto con el puntero del *mouse*.

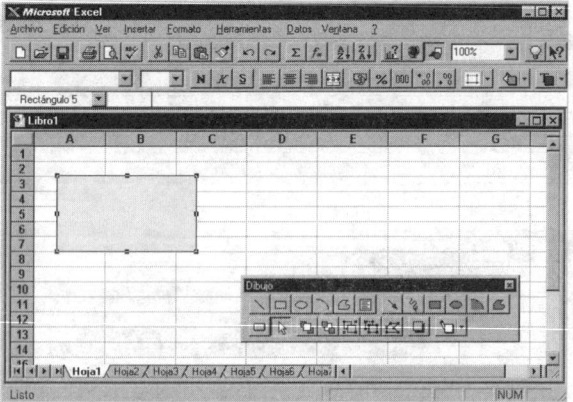

◗ Coloque el puntero del *mouse* sobre uno de los
pequeños cuadros de selección y arrástrelo hasta
obtener el tamaño deseado.

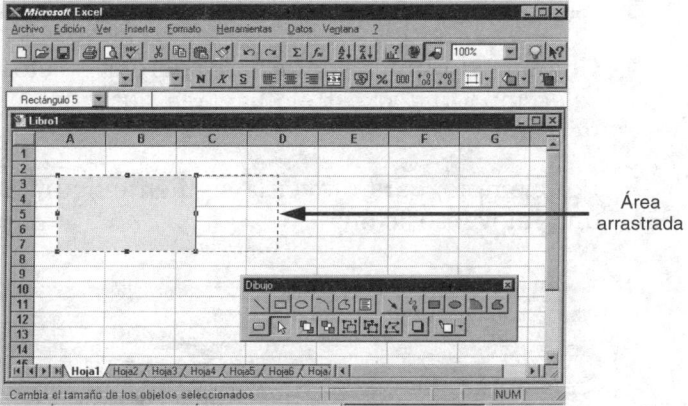

Área
arrastrada

◗ Suelte el botón del *mouse* cuando termine de
arrastrar el objeto.

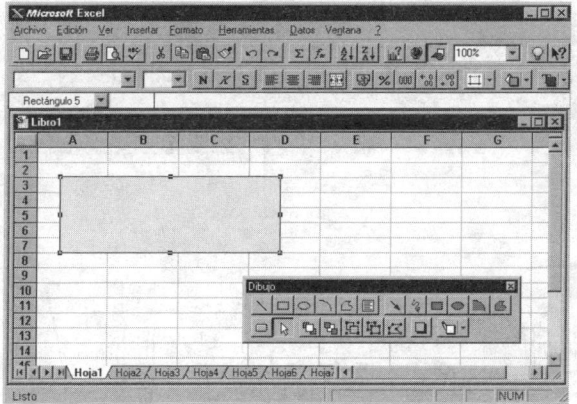

### Mover y copiar un objeto

Si desea mover un objeto:

▶ Seleccione el objeto.

▶ Coloque el puntero del *mouse* sobre el objeto seleccionado y arrástrelo hacia la posición deseada.

▶ Por ejemplo, para mover la siguiente figura a una nueva posición:

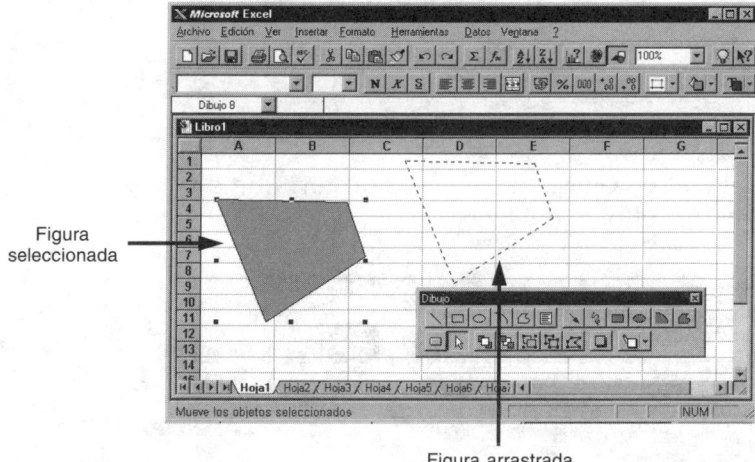

Figura seleccionada

Figura arrastrada a la nueva posición

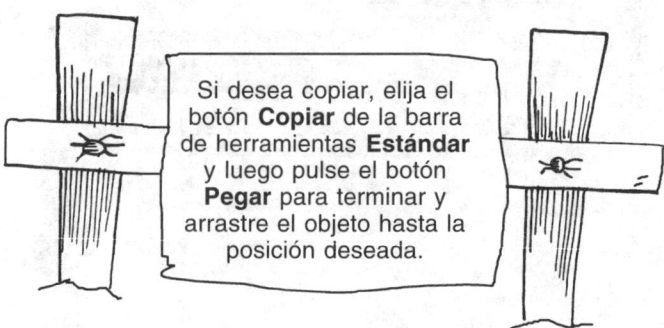

Si desea copiar, elija el botón **Copiar** de la barra de herramientas **Estándar** y luego pulse el botón **Pegar** para terminar y arrastre el objeto hasta la posición deseada.

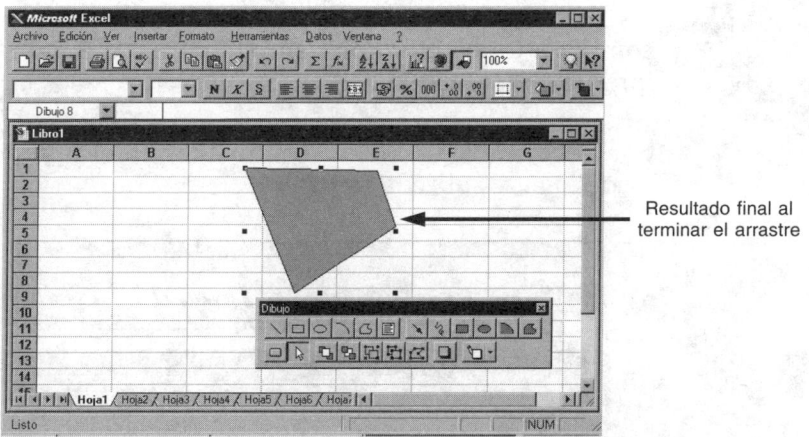

Resultado final al terminar el arrastre

## Formato para un objeto

A los objetos también se les puede dar formato, por ejemplo, cambiar su color, sus bordes y otros atributos.

Para dar formato a los objetos gráficos se utilizan generalmente los siguientes botones:

 **Sombra inferior**
Coloca sombra inferior al objeto seleccionado.

 **Paleta portátil Color de fondo**
Activa la paleta con el mismo nombre.

 **Paleta portátil Diseño**
Activa la paleta con el mismo nombre.

Sombra
inferior

El botón **Sombra inferior** se utiliza para dar sombra a un objeto. Por ejemplo, para dar sombra inferior a una elipse:

◗ Seleccione la elipse, haciendo clic con el puntero del *mouse* sobre la figura.

Elipse
seleccionada →

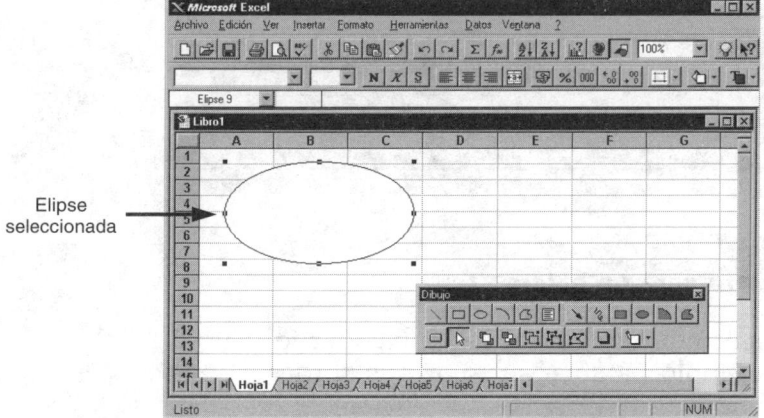

Sombra
inferior

◗ Haga clic en el botón **Sombra inferior** y la figura quedará de la siguiente forma:

Figura con
sombra inferior →

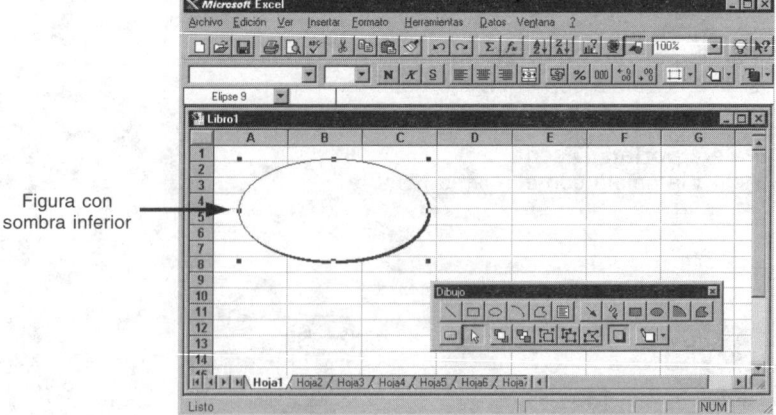

La **Paleta portátil Color de fondo** permite dar un color al relleno de una figura.

Paleta
portátil
Color de
fondo

▶ Seleccione el objeto al cual desea dar el formato de color.

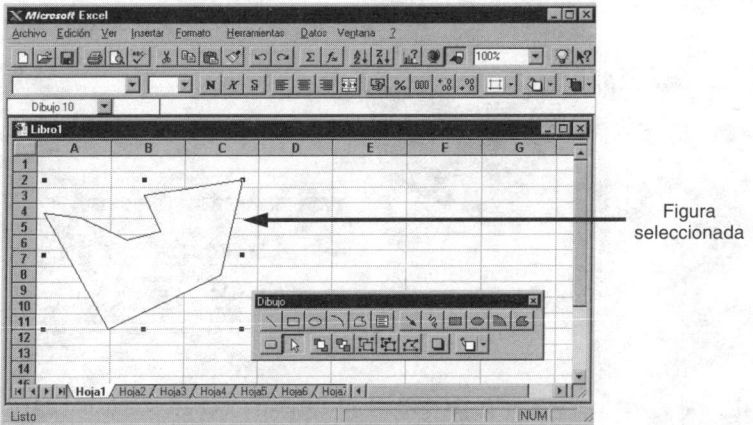

Figura
seleccionada

▶ Haga clic en la **Paleta portátil Color de fondo**, y seleccione el color que desea asignar al relleno del objeto:

Paleta
portátil
Color de
fondo

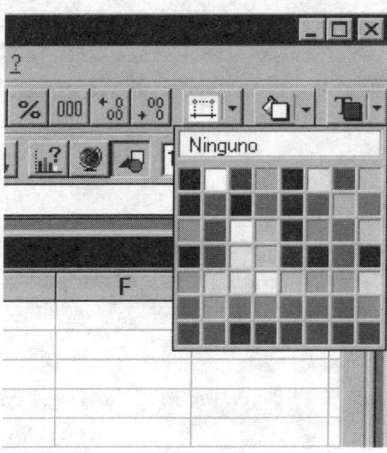

El dibujo aparecerá con el color seleccionado de relleno:

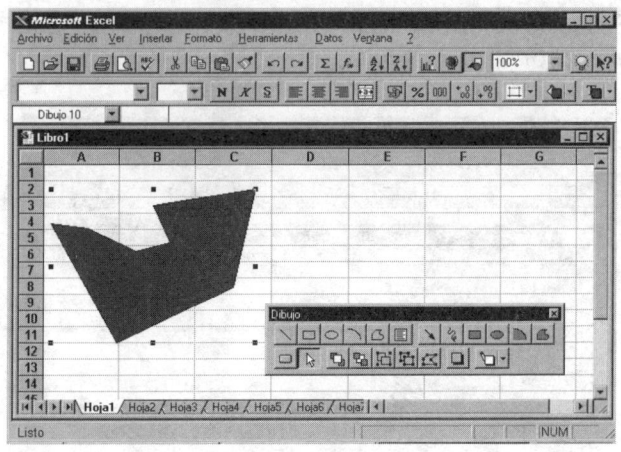

La **Paleta portátil Diseño** permite colocar una textura al relleno del dibujo.

Paleta
portátil
Diseño

▶ Seleccione el objeto que desea modificar:

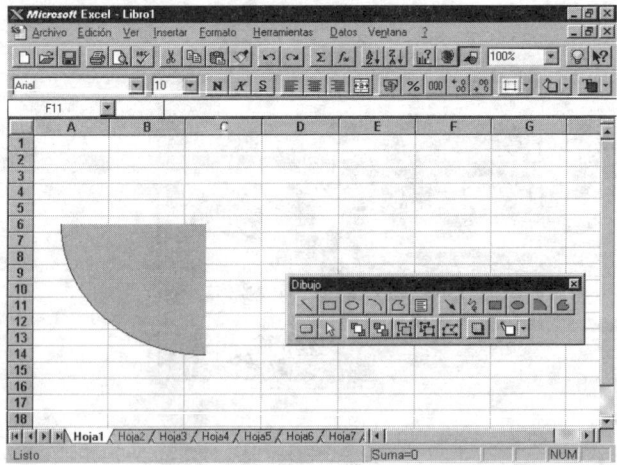

▶ Haga clic en la **Paleta portátil Diseño** de la barra de herramientas **Dibujo** y escoja la textura y su color:

Paleta
portátil
Diseño

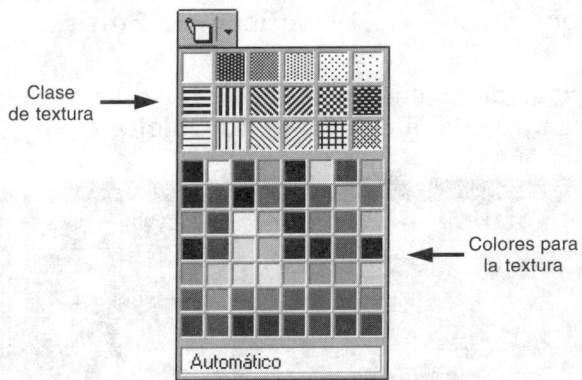

Clase
de textura ⟶

⟵ Colores para
la textura

▶ El objeto tendrá el siguiente aspecto:

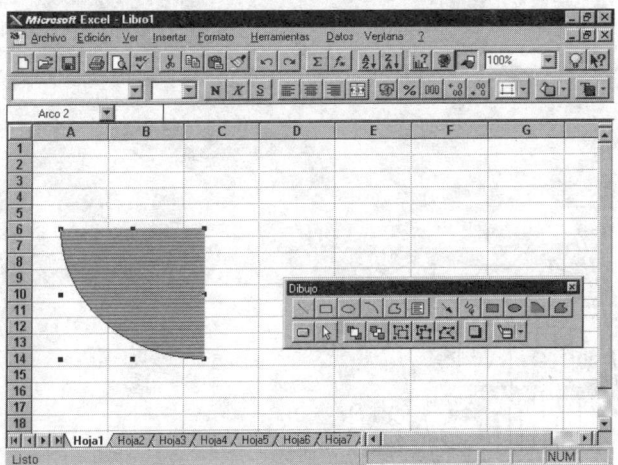

Si prefiere dar formato a un objeto haciendo doble clic sobre éste, aparecerá el cuadro de diálogo **Formato Objeto** cuya función es equivalente a la **Paleta portátil Color de fondo** y **Paleta portátil Diseño** juntas, más las opciones de **Bordes**.

▶ Haga doble clic sobre el objeto y aparecerá el cuadro de diálogo **Formato Objeto**.

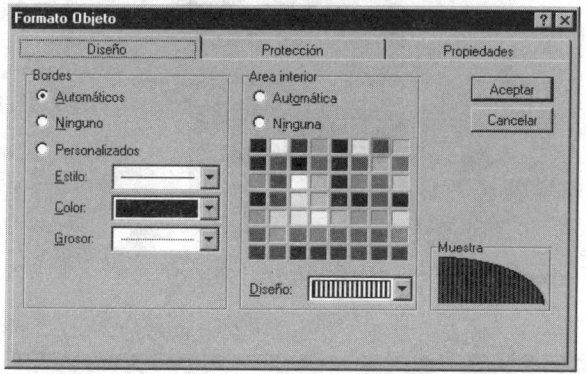

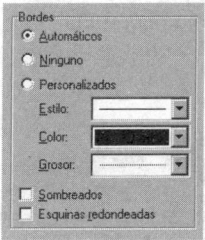

### Bordes
En este cuadro puede elegir el estilo, color y grosor del borde de la figura haciendo clic en los cuadros de selección. También puede escoger el sombreado en la opción **Sombreados**, o elegir la opción **Ninguno** para que aparezca la figura sin borde.

### Área interior
En este cuadro se selecciona el color y diseño del fondo de la figura. Ésta es equivalente a  la **Paleta portátil Color de fondo** y **Paleta portátil Diseño**.

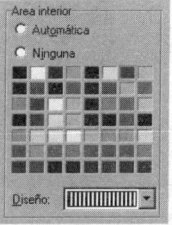

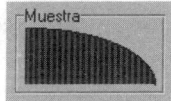

### Muestra
En este cuadro aparece la figura con el formato dado antes de que se acepten los cambios realizados.

### Protección
Si se presiona este botón aparecerá la opción **Bloqueado** que no permite alterar un objeto, suponiendo que la hoja está protegida.

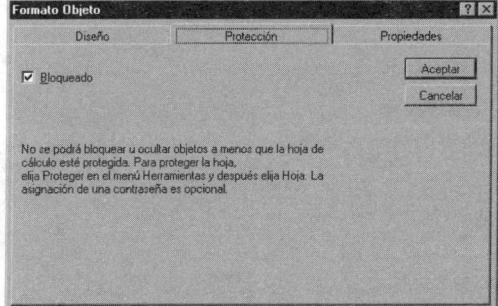

Propiedades

**Propiedades**
Al seleccionar este botón aparece
una lista de opciones que permiten
mover y/o cambiar el tamaño de los
objetos cuando se modifican las
celdas sobre la que se encuentra
colocado el objeto.

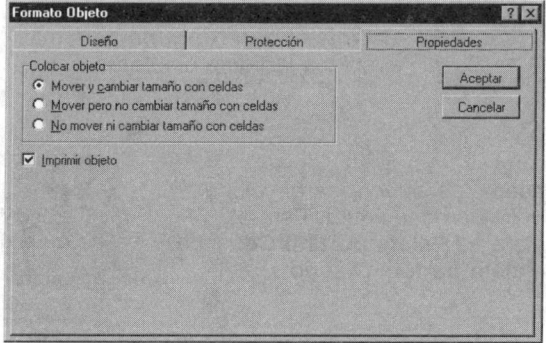

# Impresión de una hoja de cálculo

La impresión de una hoja de cálculo requiere la configuración de las páginas para lo cual se utiliza la opción **Presentación preliminar**.

## Presentación preliminar

El cuadro **Presentación preliminar** permite ver la página en la misma forma que será impresa e incluye otras opciones como márgenes, tamaño de papel, etc.

▶ Seleccione la opción **Presentación preliminar** del menú **Archivo**.

Presentación preliminar

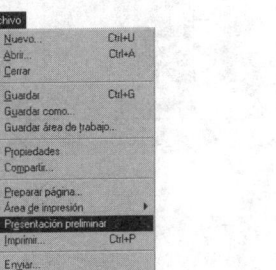

**125**

▶ ... y aparecerá la ventana **Presentación prelimi-nar** como se muestra a continuación:

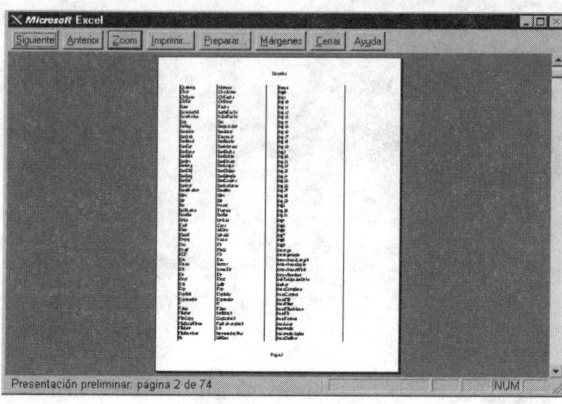

▶ Haga clic sobre la hoja para visualizar mejor los datos.

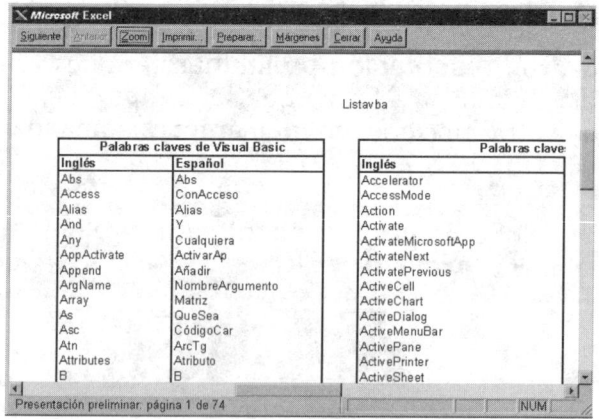

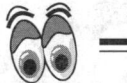

 **Siguiente**
Permite pasar a la siguiente página de la hoja.

 **Anterior**
Visualiza la página anterior de la hoja.

 **Zoom**
Amplía y reduce la visualización de la hoja de acuerdo con los requerimientos del usuario.

 **Imprimir...**
Abre el cuadro de diálogo **Imprimir** en el cual puede especificar las opciones de impresión.

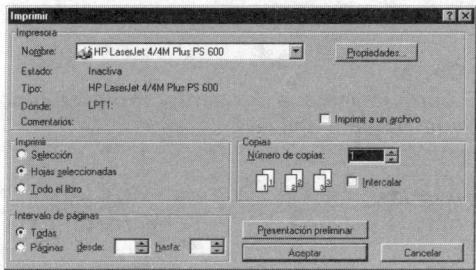

 **Preparar...**
Abre la ventana de diálogo **Preparar página**.

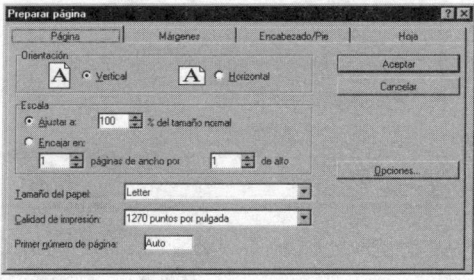

**Márgenes**
Al pulsar este botón aparecen una serie de líneas guías que permiten ajustar los márgenes de las páginas, además de las distancias de encabezados y de pies de página con respecto al borde superior e inferior, respectivamente.

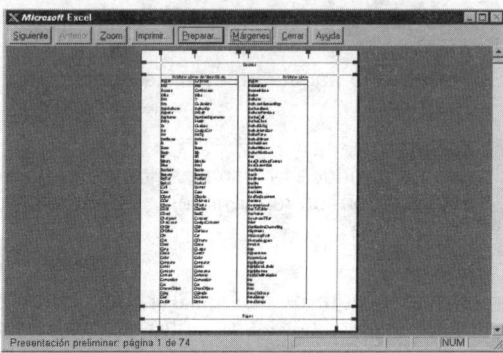

 **Cerrar**
Cierra la ventana **Presentación preliminar** y vuelve a la ventana activa.

 **Ayuda**
Abre la ventana de ayuda **Microsoft Excel**.

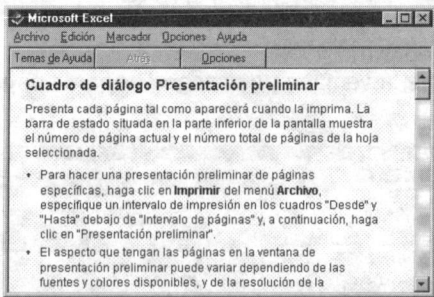

## Preparación de página

La opción **Preparar página...** controla el diseño y la presentación de las hojas que se desean imprimir.

▶ Seleccione la opción **Preparar página...** del menú **Archivo**.

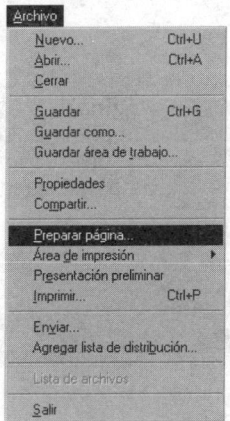

▶ ... y aparecerá el cuadro de diálogo **Preparar página** como se muestra a continuación:

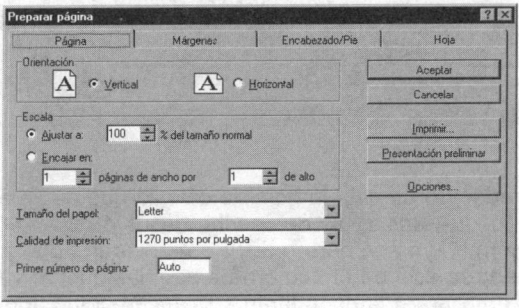

El cuadro **Preparar página** está compuesto de cuatro fichas:

✘ Página
✘ Márgenes
✘ Encabezado/Pie
✘ Hoja

**Página**
Al oprimir esta ficha se activan las opciones ubicación, tamaño y tipo de papel de la página.

**Orientación**
En este recuadro se selecciona la orientación del papel: **V**ertical u **H**orizontal.

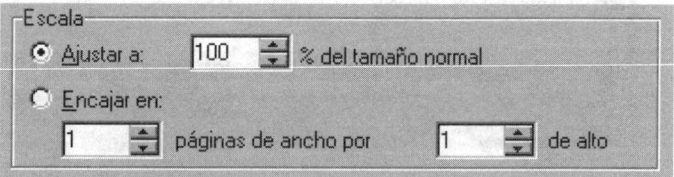

**Escala**
Permite reducir o ampliar la hoja de cálculo que se va a imprimir. En **Ajustar a:** puede escribir desde 10% a 400% del tamaño normal, ya sea para reducir o ampliar la hoja, y en **Encajar en:** se escribe el número de páginas que se vayan a reducir o ampliar en la hoja, tanto a lo ancho como a lo alto.

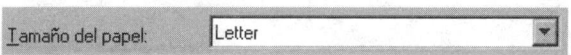

## Tamaño del papel:
Pulse la flecha hacia abajo correspondiente a este recuadro y seleccione el tamaño de papel en la lista desplegable.

## Calidad de impresión:
Aquí se establece la resolución de la impresora en puntos por pulgada (dpi).

## Primer número de página:
En este recuadro se escribe el número a partir del cual comienza la numeración de las páginas. Si no hace esta selección aparece **AUTO** (automática).

▶ Pulse la etiqueta **Márgenes:** y se activará la siguiente ficha:

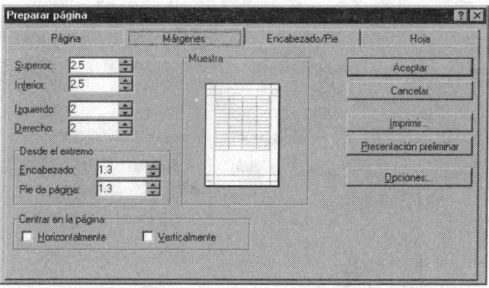

En esta ficha puede modificar los márgenes de las páginas, encabezados y pies de página, también permite centrar la hoja en la página ya sea horizontal o verticalmente o ambos. Los cambios realizados se aprecian en el área **Muestra** de esta misma ficha.

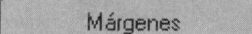

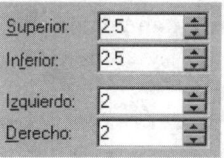

**Márgenes**
Activa la ficha que permite
especificar los márgenes de la
página.

Permite establecer la medida de los
márgenes superior, inferior, izquierdo y
derecho.

**Desde el extremo**
Especifica las medidas a las que
se imprimirá el encabezado y pie
de página con respecto al
extremo superior o inferior
respectivamente.

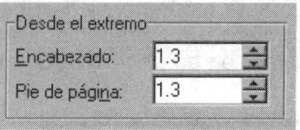

**Centrar en la página**
Coloca los datos de la hoja de cálculo en el centro de la
página, ya sea **Horizontalmente**, **Verticalmente** o ambos.

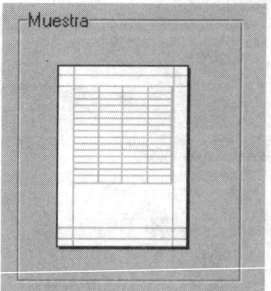

**Muestra**
Presenta una visualización
preliminar de los márgenes
específicos en las opciones.

◗ Pulse la etiqueta **Encabezado/Pie** para activar la siguiente ficha:

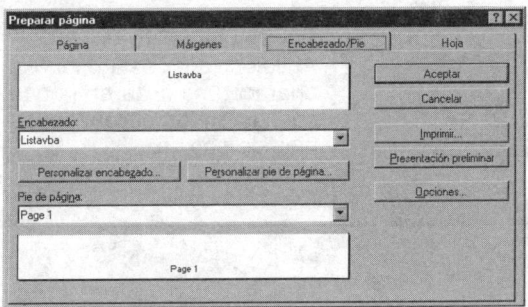

En esta ventana aparecen las listas desplegables **Encabezado:** y **Pie de página:** que permiten seleccionar el texto que se imprimirá como encabezado y pie de página. Se incluyen los botones **Personalizar encabezado...** y **Personalizar pie de página...** que al seleccionarlos abren una ventana de diálogo donde puede personalizar el encabezado (o el pie de página) con un determinado formato.

◗ En la casilla **Encabezado:** digite Lista de variables.

◗ En la casilla **Pie de página:** digite Página No 1.

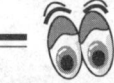

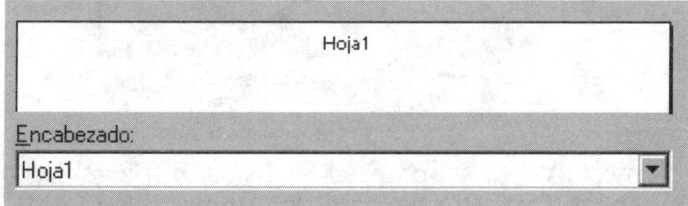

**Encabezado/Pie**
Al seleccionar esta etiqueta
aparece una ficha en la que se
configuran los encabezados y los
pies de página.

**Encabezado:**
Aquí se selecciona un encabezado de página de la lista de
opciones.

**Personalizar encabezado...**
Permite modificar el encabezado de página seleccionado en
la lista desplegable **Encabezado:** Al oprimir este botón
aparecerá el siguiente cuadro de diálogo:

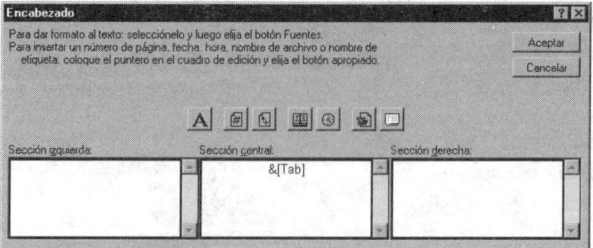

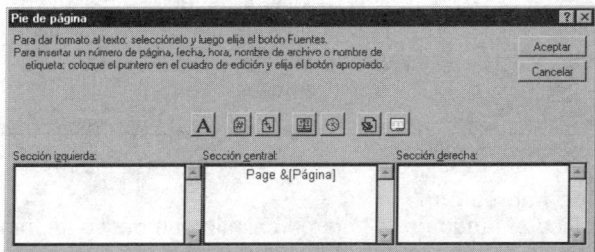

**Personalizar pie de página...**
Cambia las características del pie de página seleccionado en
la lista desplegable **Pie de página:** Al hacer clic en este botón
aparecerá el siguiente cuadro de diálogo:

**Pie de página:**
Muestra una lista de los pies de página que puede incluir en
la hoja.

▶ Pulse la etiqueta **Hoja** para activar la siguiente
ficha de configuración:

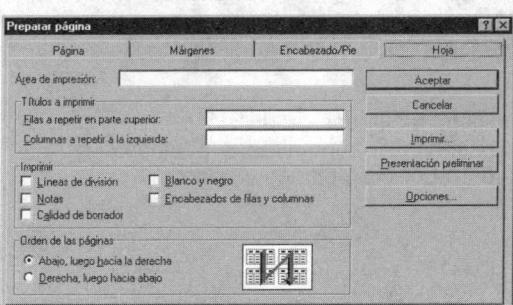

| Hoja |
|------|

**Hoja**
Al pulsar esta etiqueta puede
modificar aspectos cualitativos de
la hoja de cálculo que se va a
imprimir.

Área de impresión:

**Área de impresión:**
Especifica el rango de la hoja de cálculo que desea imprimir,
arrastrando el puntero del *mouse* por las celdas que desea
imprimir.

Títulos a imprimir
Filas a repetir en parte superior:
Columnas a repetir a la izquierda:

**Títulos a imprimir**
Permite imprimir los títulos de una fila o columna en todas las
páginas de una hoja de cálculo, arrastrando el puntero del
*mouse* sobre las filas o columnas que desea repetir.

Imprimir
☐ Líneas de división    ☐ Blanco y negro
☐ Notas    ☐ Encabezados de filas y columnas
☐ Calidad de borrador

**Imprimir**
Aquí se indica si las líneas de división, notas y encabezados
de filas y columnas se imprimirán, y además si será en
calidad de borrador o en blanco y negro.

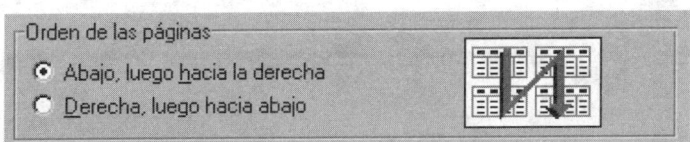

**Orden de las páginas**
Se especifica el orden como se imprimirán las páginas,
**Abajo, luego hacia la derecha** o **Derecha, luego hacia abajo**.

En esta ventana puede controlar las secciones y partes de la hoja que desea imprimir.

▶ Por ejemplo, si desea que en la impresión no aparezcan las líneas de división desactive la casilla **Líneas de división**.

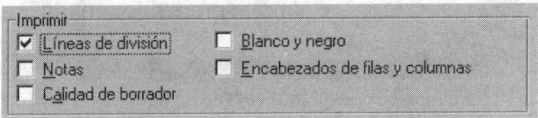

También permite seleccionar y controlar la secuencia en que desea imprimir las páginas en el área **Orden de las páginas**.

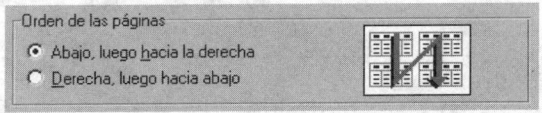

Los siguientes botones son comunes a las cuatro fichas del cuadro **Preparar página**.

Aceptar

**Aceptar**
Cierra el cuadro de diálogo
**Preparar página** y guarda los
cambios.

Cancelar

**Cancelar**
Cierra el cuadro de diálogo
**Preparar página** sin guardar los
cambios.

Opciones...

**Opciones...**
Abre un cuadro de diálogo que
muestra las propiedades de la
impresora seleccionada.

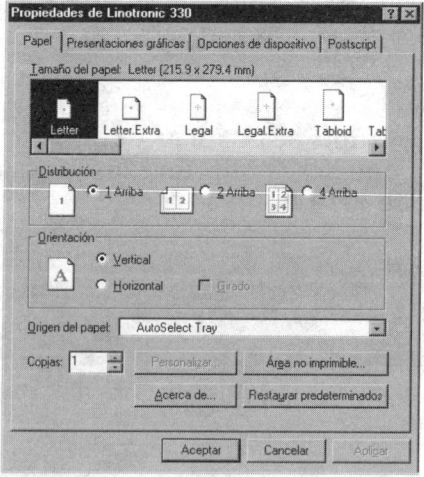

## Cómo imprimir

Luego de ajustar las opciones de impresión, puede enviar el archivo a la impresora seleccionada.

▶ Elija la orden **Imprimir...** del menú **Archivo**.

Imprimir

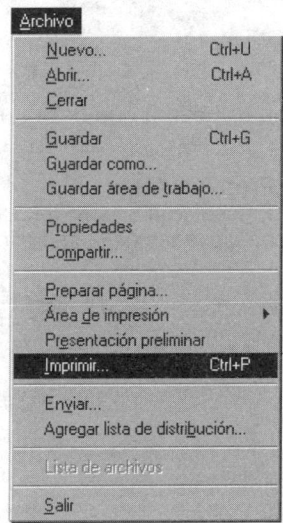

▶ ... y se abrirá el cuadro de diálogo **Imprimir** en el cual puede especificar la impresora, el número de copias que desea imprimir, el intervalo de página y otras opciones.

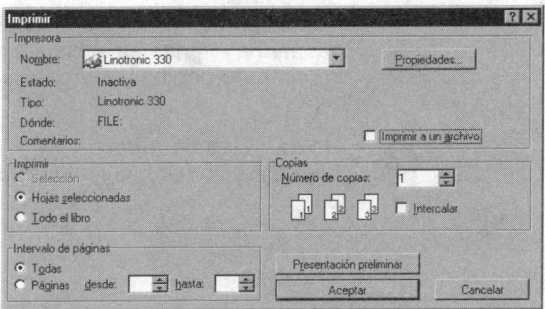

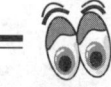

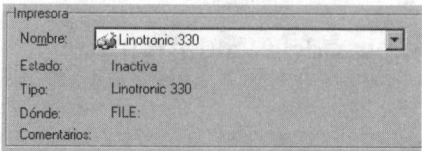

**Impresora:**
Permite seleccionar la impresora que desea utilizar.

**Propiedades...**
Presenta un cuadro de diálogo con las propiedades de la impresora seleccionada.

**Imprimir a un archivo**
Permite enviar la impresión de la hoja de cálculo a un archivo con formato de impresión.

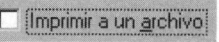

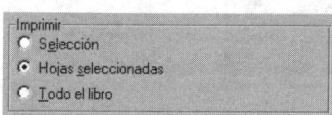

**Imprimir**
Especifica si se imprimirá una selección de celdas, una hoja de cálculo o todo el libro del trabajo.

**Selección**
Sólo imprime las celdas selecciona-das; si hay varias selecciones las imprime en páginas diferentes.

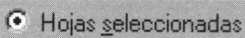

**Hojas seleccionadas**
Imprime sólo las hojas selecciona-das.

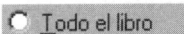

**Todo el libro**
Imprime todo el libro de trabajo actual.

**Copias**
Escriba en este recuadro el número de copias que desea imprimir.

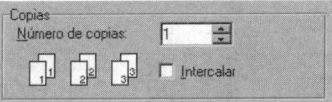

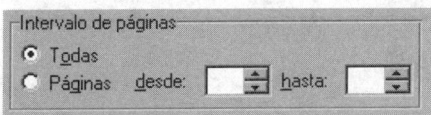

**Intervalo de páginas**
Permite seleccionar las páginas que se imprimirán.

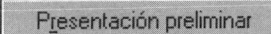

**Presentación preliminar**
Abre el cuadro de diálogo **Presentación preliminar**.

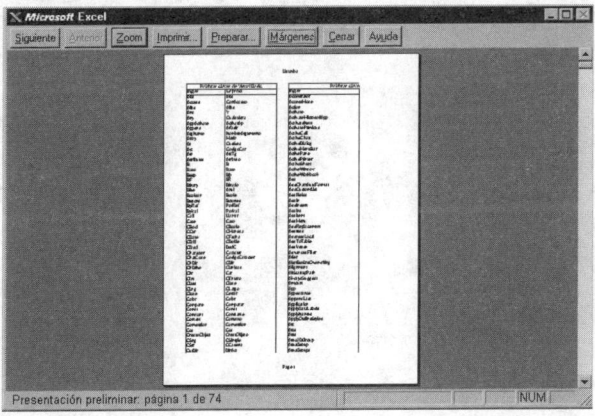

Aceptar

**Aceptar**
Cierra el cuadro de diálogo
**Imprimir** e imprime de acuerdo
con las especificaciones
preestablecidas.

Cancelar

**Cancelar**
Cierra el cuadro de diálogo **Imprimir** sin
imprimir.

# Macros

Una macro es un conjunto de instrucciones utilizado para automatizar tareas repetitivas. Puede crear una macro cuando ejecuta con frecuencia alguna tarea, por ejemplo, dar formato, aplicar negrita, sumar, etc.

Cuando se crea una macro se graba secuencialmente, es decir, guarda las instrucciones como si fuera en una cinta magnética y en el mismo orden que se graba, se ejecuta la macro. Excel 7.0 traduce estas instrucciones al lenguaje Visual Basic y son guardadas en una hoja de módulo aparte.

A una macro se le puede asignar un botón (utilizando la barra de herramientas **Dibujo**), una combinación de teclas o colocarla como una opción en el menú **Herramientas**.

## Grabación de una macro

Antes de crear una macro es necesario tener organizado y planificado lo que realizará la macro.

Siga los siguientes pasos en el proceso de creación de una macro:

▶ Seleccione la opción **Grabar macro** del menú **Herramientas**.

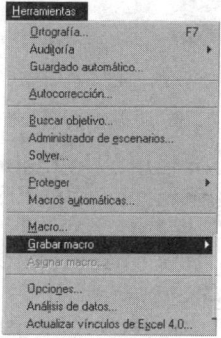

▶ ... y en el submenú, seleccione la opción **Grabar nueva macro...**

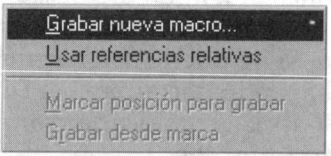

▶ ... y aparecerá el cuadro de diálogo **Grabar nueva macro**.

## Nombre de la macro:
En este cuadro digite el nombre que desea dar a la macro.

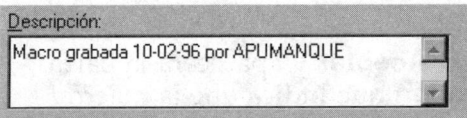

## Descripción:
Aquí escriba una breve explicación de la función de la macro.

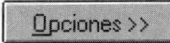

**Opciones >>**
Al hacer clic en este botón, el cuadro de diálogo cambiará a la siguiente forma:

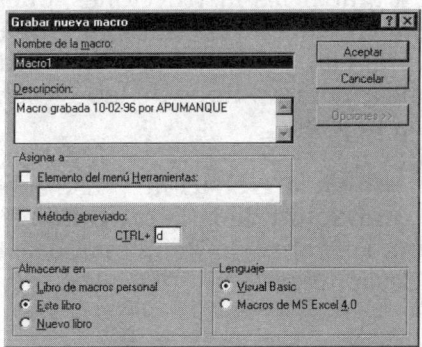

En las nuevas opciones desplegadas puede especificar si la macro se asignará a una opción del menú **Herramientas** o a una pulsación de teclas.

**Aceptar**
Cierra el cuadro de diálogo **Grabar nueva macro** y guarda los cambios.

**Cancelar**
Cierra el cuadro de diálogo **Grabar nueva macro** sin guardar los cambios.

▶ Oprima el botón **Aceptar** y aparecerá la barra **Detener grabación** que indica que la macro está preparada para iniciar la secuencia de instrucciones.

▶ Empiece a grabar las instrucciones, pues la macro está creada con un nombre y una descripción. En esta etapa puede introducir órdenes como aplicar negrita, tipos de letra, escribir un texto en la hoja, etc.

Detener
grabación

▶ Cuando termine la grabación, pulse el botón **Detener grabación** de la barra **Detener grabación**, la grabación de la macro se detiene y la barra desaparece.

### Ejecución de una macro

Luego de grabar la macro, ésta quedará traducida automáticamente a lenguaje Visual Basic y lista para ejecutar.
En el proceso de ejecución siga estos pasos:

▶ Seleccione la opción **Macro...** del menú **Herramientas**.

▶ ... y se abrirá la ventana de diálogo **Macro**:

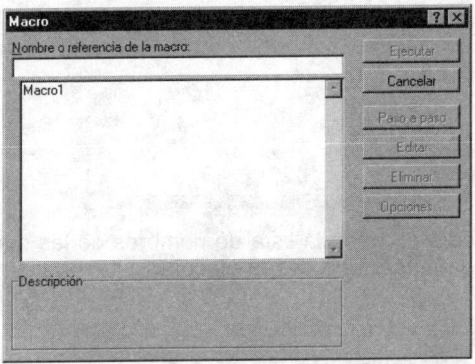

▶ Pulse el botón **Ejecutar** y la macro realizará, paso a paso y en el mismo orden, las instrucciones dadas en la grabación.

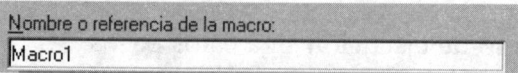

**Nombre o referencia de la macro:**
En esta casilla aparece el nombre de la macro seleccionada.

En este cuadro aparece la lista de nombres de las macros.
Seleccione la macro que desea ejecutar.

**Descripción**
Aparece un resumen de lo que hace la macro.

**Ejecutar**
Ejecuta la macro seleccionada.

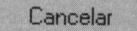

**Cancelar**
Cierra el cuadro de diálogo **Macro** sin
guardar los cambios.

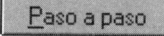

**Paso a paso**
Ejecuta la macro seleccionada paso a
paso.

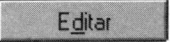

**Editar**
Visualiza el código de la macro seleccionada y permite realizar modificaciones.

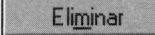

**Eliminar**
Borra la macro seleccionada de la lista.

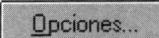

**Opciones...**
Asigna una opción de menú a una combinación de teclas abreviadas a la macro
seleccionada en el cuadro de diálogo
**Opciones**.

### Asignación de botones a una macro

Para facilitar la ejecución de macros, Excel 7.0
permite crear y asignar botones a una macro para
que pueda ejecutarla con sólo pulsar el botón
asignado. De esta manera es más expedita la ejecución de una macro en lugar de utilizar las órdenes
del menú.

Para crear y asignar un botón a una macro
necesita la barra de herramientas **Dibujo**.

Los pasos que debe seguir son los siguientes:

▶ Seleccione el botón **Mostrar barra Dibujo** de la
barra de herramientas **Estándar**.

Mostrar
barra
Dibujo

▶ ... y aparecerá la siguiente barra de herramientas:

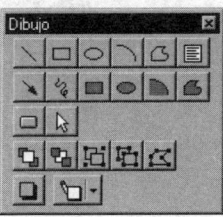

Crear
botón

▶ Pulse el botón **Crear botón** de la barra de herramientas **Dibujo**, luego coloque el puntero del *mouse* en la posición de la hoja donde quiere que quede el botón y arrastre el puntero hasta obtener el tamaño deseado.

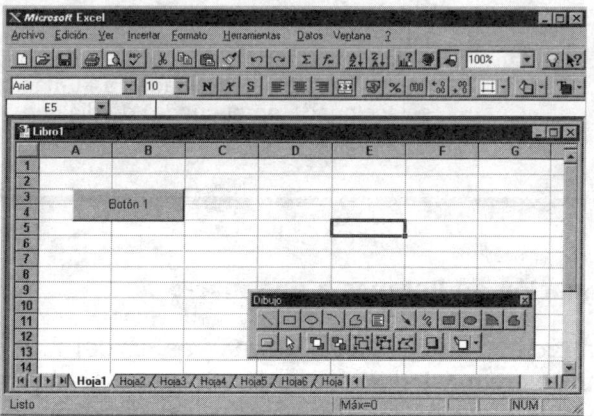

▶ ... y se abrirá el cuadro de diálogo **Asignar macro**.

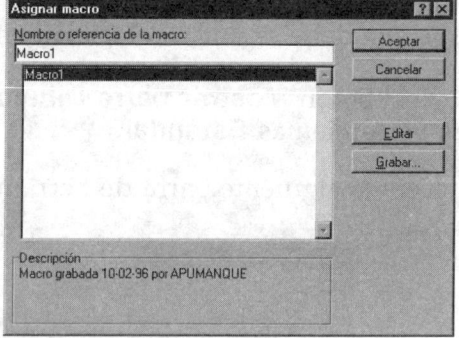

- Escriba o seleccione el nombre de la macro en el cuadro **Nombre o referencia de la macro:**

- Pulse **Aceptar** y el botón quedará asignado a la macro seleccionada.

- Asígnele un nombre al botón que identifique la macro. Para esto asegúrese de que el botón todavía esté seleccionado.

- Ejecute la macro pulsando el nuevo botón.

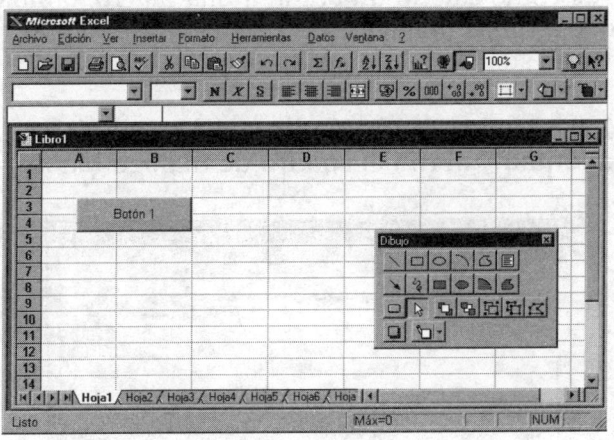

### Asignar una tecla a una macro

Muchas órdenes del menú tienen su propio botón en la barra de herramientas o una tecla de ejecución rápida para hacer más fácil su operación.

Las teclas de ejecución rápida son una combinación de teclas, por ejemplo:

## Ctrl + a

Así como asignó un botón a una macro, también puede asignar una tecla de ejecución rápida.
Para esto:

▶ Seleccione la orden **Macro...** del menú **Herramientas** y abrirá el cuadro de diálogo **Macro**.

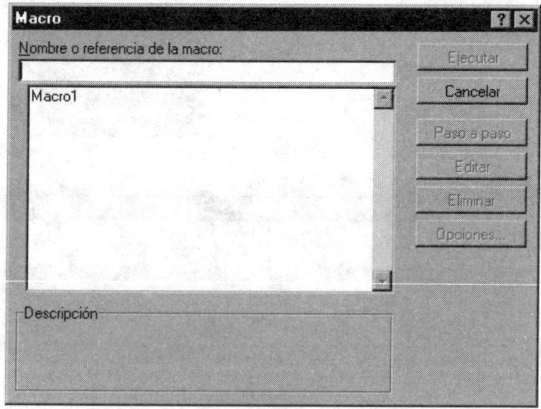

▶ Escoja la macro a la cual asignará la tecla de ejecución rápida.

▶ Pulse el botón **Opciones...** y se abrirá el cuadro de diálogo **Opciones de la macro**.

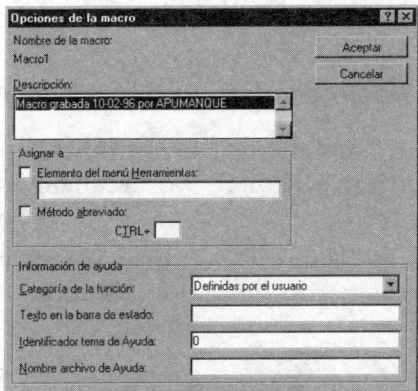

▶ Elija el cuadro de selección **Método abreviado:** en el área **Asignar a**.

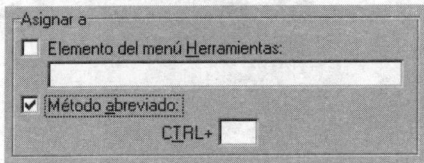

▶ Haga clic en el cuadro de abajo de **Método abreviado:** y escriba la letra que desee combinar con la tecla **CTRL**, por ejemplo, **x**.

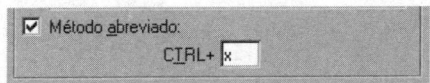

▶ Pulse el botón **Aceptar**.

▶ Oprima el botón **Cerrar** en el cuadro de diálogo **Macro**.

▶ ... y ahora podrá ejecutar la macro combinando las dos teclas asignadas:

Ctrl + x

### Incluir una macro en el menú Herramientas

Puede incluir en el menú **Herramientas** una macro como una orden adicional. Para realizar esto:

▶ Elija opción **Macro...** del menú **Herramientas** y se abrirá el cuadro de diálogo **Macro**.

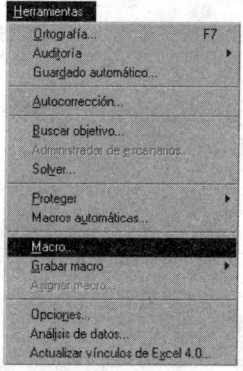

▶ Seleccione la macro que desea incluir en el menú.

▶ Pulse el botón **Opciones...** para abrir el cuadro de diálogo **Opciones de la macro**.

❯ Seleccione la casilla de verificación **Elemento del menú Herramientas:** del recuadro **Asignar a**.

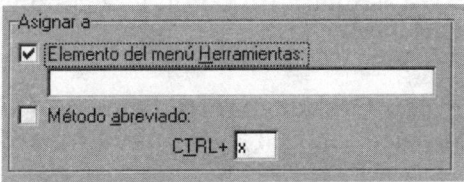

❯ ... y digite el nombre que desee para la macro en el menú **Herramientas**.

❯ Pulse el botón **Aceptar** para cerrar el cuadro **Opciones de la macro**.

❯ Oprima el botón **Cerrar** en la ventana de diálogo **Macro** y ésta quedará incluida en el menú **Herramientas** con el nombre asignado.

❯ Oprima el botón **Cerrar** en la ventana de diálogo **Macro** y ésta quedará incluida en el menú **Herramientas** con el nombre asignado.

❯ Seleccione el menú **Herramientas** para ver la nueva opción.

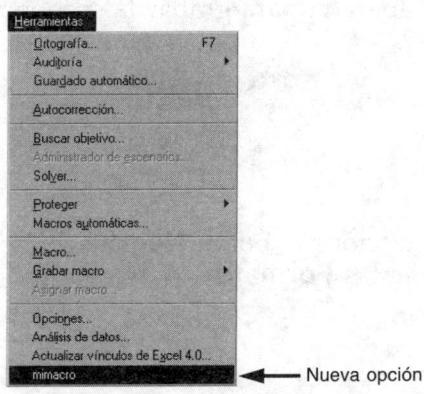

Nueva opción

### Ejemplo de creación de una macro

En este ejemplo se creará una macro llamada Modificante que coloque negrilla a la fuente seleccionada. Se le asignará un botón y la combinación de teclas **Ctrl + M**.

▶ En la opción **Grabar macro** del menú **Herramientas** seleccione **Grabar nueva macro...**

▶ Se visualiza el cuadro de diálogo **Grabar nueva macro**.

▶ Digite en la casilla **Nombre de la macro:** Modificante y en **Descripción:** Aplica negrilla al texto seleccionado.

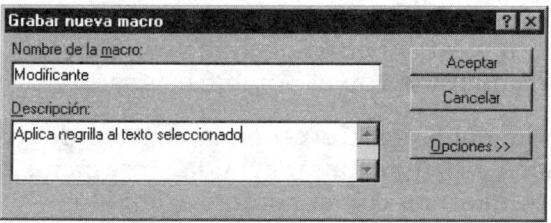

▶ Pulse el botón **Aceptar** y aparecerá la barra **Detener grabación** que indica que la macro está preparada para grabar la secuencia.

Negrita

▶ Seleccione el botón **Negrita** de la barra de herramientas **Formato**.

◗ Pulse **Detener grabación** para terminar la secuencia.

Detener grabación

En el mismo orden que fueron seleccionadas las órdenes se ejecutará la macro. Para asignar un botón a la macro realice lo siguiente:

◗ Seleccione el botón **Mostrar barra Dibujo** de la barra de herramientas **Estándar**.

Mostrar barra Dibujo

◗ Seleccione el botón **Crear botón** de la barra de herramientas **Dibujo**. Coloque el puntero del *mouse* en la posición deseada y arrástrelo hasta obtener el tamaño requerido del botón y se visualiza el cuadro de diálogo **Asignar macro**.

Crear botón

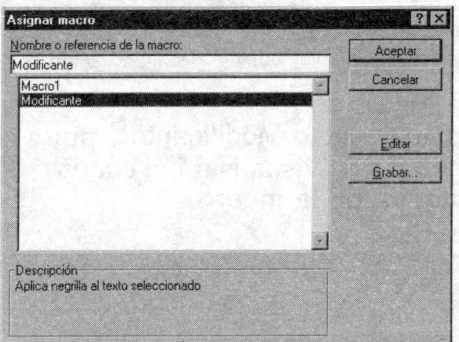

◗ Elija la macro Modificante que corresponde a la macro grabada en este ejemplo.

◗ Pulse el botón **Aceptar**.

◗ Digite Modificante como nombre para el botón.

Para asignar la combinación de teclas rápidas **Ctrl + i**, siga estos pasos:

▶ Seleccione la orden **Macro...** del menú **Herramientas** y se visualizará el cuadro de diálogo **Macro**.

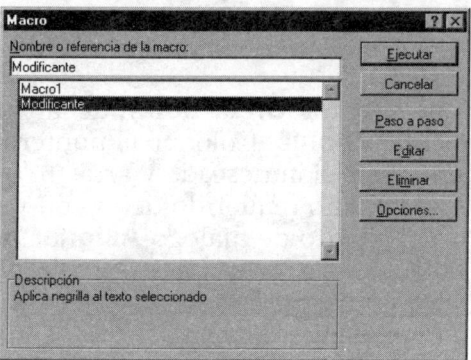

▶ Seleccione la macro **Modificante** y pulse el botón **Opciones...** y se visualizará el cuadro de diálogo **Opciones de la macro**.

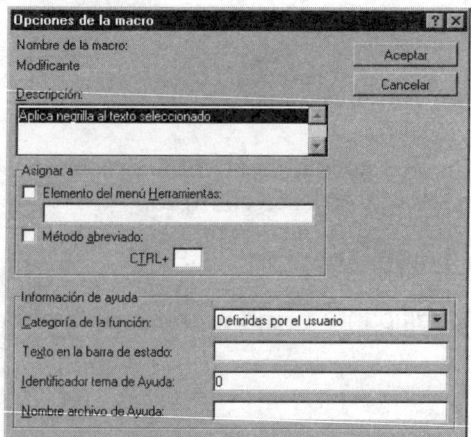

▶ En el área **Asignar a** seleccione la casilla de verificación **Método abreviado:**

▶ En el recuadro de **CTRL +** escriba la letra **i**.

▶ Presione el botón **Aceptar**.

▶ Elija **Cerrar** en el cuadro de diálogo **Macro**.

En este momento podrá ejecutar la macro usando la combinación de las teclas **Ctrl + i**. La macro Modificante puede ejecutarse de tres maneras diferentes:

▶ Eligiendo la opción **Macro...** del menú **Herramientas,** seleccionando **Modificante**.

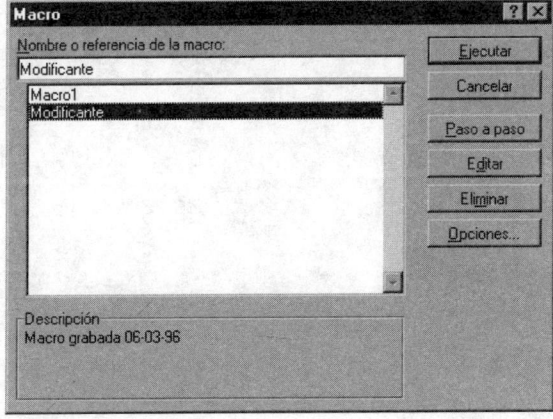

▶ Pulsando el botón **Modificante**.

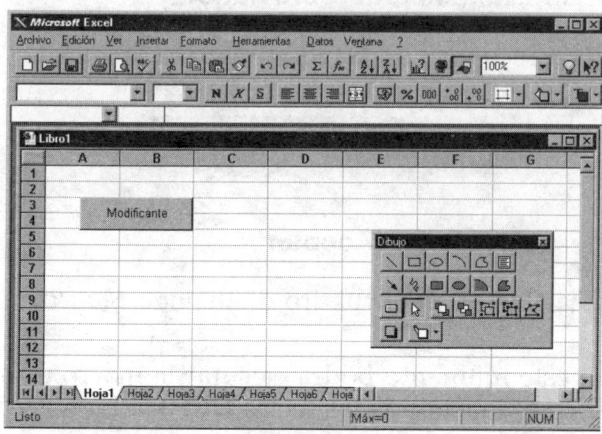

▶ Pulsando la combinación de las teclas **Ctrl + i**.

# Creación
# de gráficos

La representación gráfica de los datos de una hoja de cálculo permite una mejor comprensión y análisis de la información. Entre los diferentes tipos de gráficos que Excel 7.0 ofrece para seleccionar, están los de barras, áreas, columnas, líneas, circulares y en tres dimensiones.

A continuación se muestran algunos de los tipos de gráficos que se pueden utilizar para representar los datos de una hoja de cálculo.

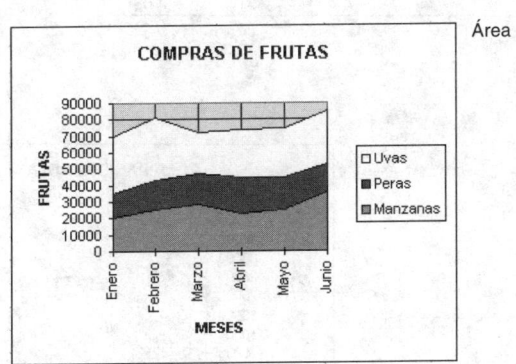

Área

Barras

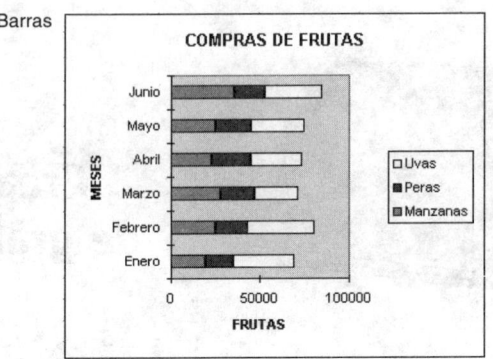

Columnas

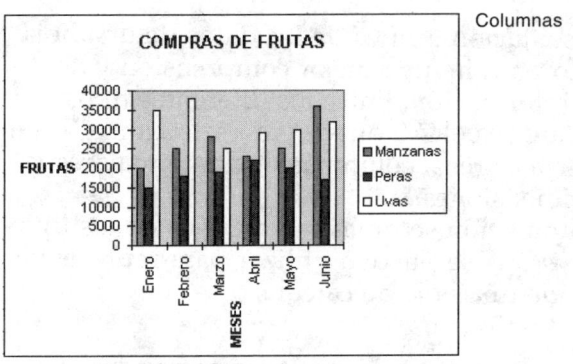

Líneas

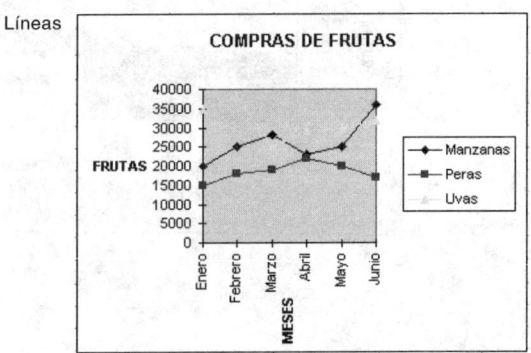

Secciones circulares
en 3D

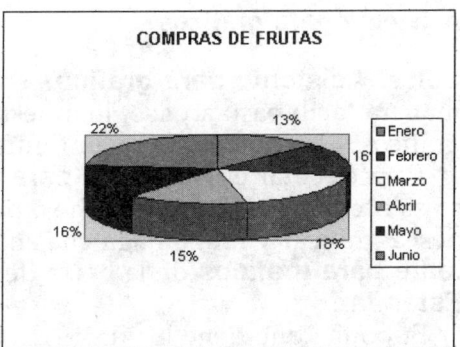

Anillos

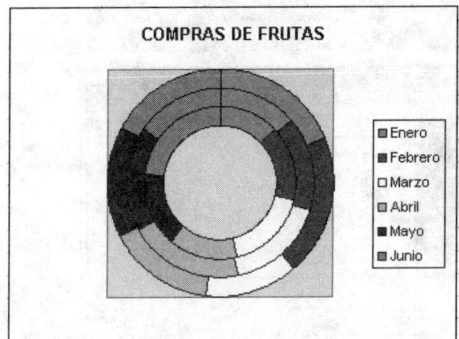

Columnas en 3D

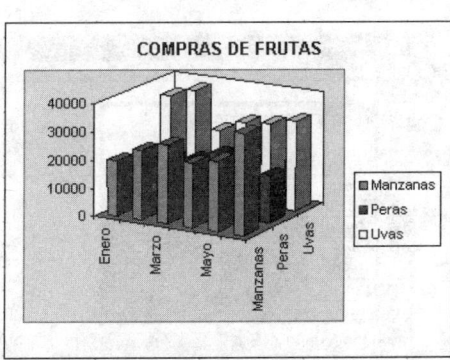

### Asistente para gráficos

Con el **Asistente para gráficos** crea gráficos de manera fácil; paso a paso, le muestra los tipos de gráficos y las opciones de configuración.

Para ejecutar el **Asistente para gráficos** primero seleccione los datos en la hoja de cálculo que desea graficar y luego haga clic en el botón **Asistente para gráficos** de la barra de herramientas **Estándar**.

Suponga que tiene los datos de Compras de frutas y desea representarlos gráficamente:

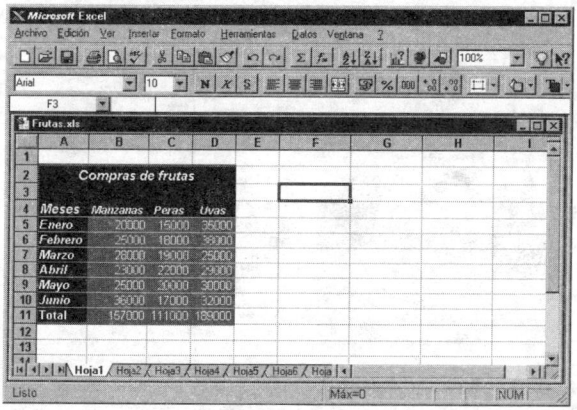

● Seleccione los datos que se encuentran entre las celdas A4:D11.

▶ Pulse el botón **Asistente para gráficos** de la barra de herramientas.

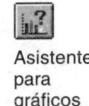

Asistente para gráficos

▶ Haga clic en la posición de la hoja de cálculo donde desea insertar el gráfico y aparece el primer cuadro de diálogo del **Asistente para gráficos** con el rango de datos seleccionados para la creación del gráfico.

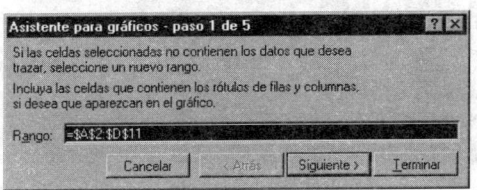

▶ Pulse el botón **Siguiente >** para continuar con el paso 2 del asistente.

▶ ... y aparecerá el cuadro de diálogo **Paso 2 de 5** en el cual puede seleccionar el tipo de gráfico que desea realizar:

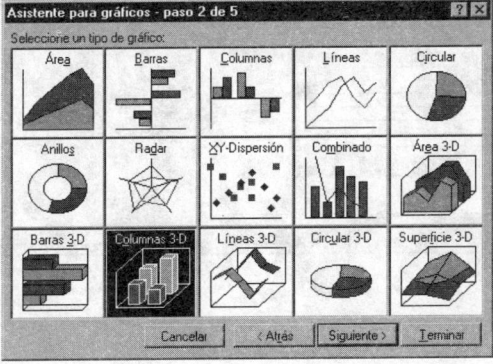

▶ Seleccione el tipo de gráfico **Columnas 3-D** y pulse el botón **Siguiente >** para continuar con el paso 3.

> ◗ ... y se visualizará el tercer cuadro de diálogo del **Asistente para gráficos** en el que puede seleccionar un formato para el tipo de gráfico seleccionado:

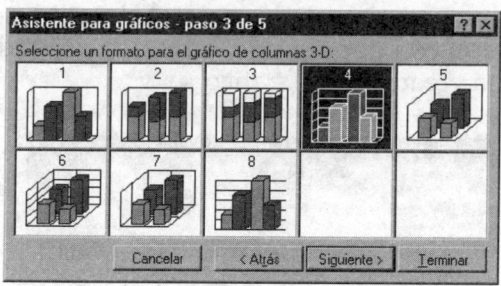

> ◗ Seleccione el cuadro correspondiente al formato número 4.

> ◗ Haga clic en el botón **Siguiente >**.

> ◗ ... y aparecerá el cuadro de diálogo **Paso 4 de 5**.

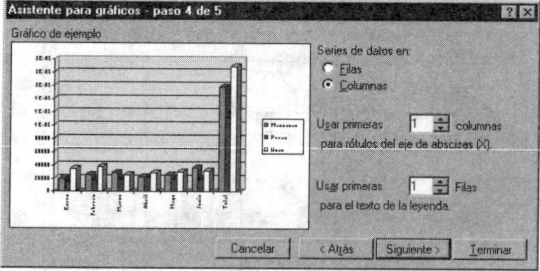

**Series de datos en:**
Permite especificar la orientación del
gráfico: **Filas** o **Columnas**.

Especifique las columnas
que desea utilizar para
incluir los rótulos del eje X.

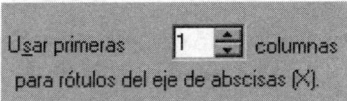

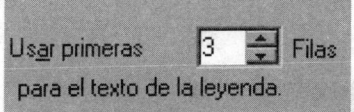

Especifique las filas que
desea utilizar para colocar
el texto de la leyenda.

Los siguientes botones son comunes en cada uno de los
cuadros del asistente:

**Cancelar**
Permite salir del asistente para gráficos sin
hacer el gráfico.

**< Atrás**
Presenta nuevamente la ventana del paso
anterior.

**Siguiente >**
Muestra la ventana del siguiente paso
del asistente.

**Terminar**
Finaliza las operaciones con el **Asistente
para gráficos** y se crea el gráfico en la hoja
de cálculo.

En el cuadro de diálogo **Asistente para gráficos - paso 4 de 5** aparece el recuadro **Gráfico de ejemplo** con una representación del gráfico que se generará.

▶ Seleccione en el área **Series de datos en:** la opción correspondiente a **Columnas** ya que los datos seleccionados se encuentran ordenados por columnas.

▶ Haga clic en el botón **Siguiente >** para continuar con el quinto y último paso.

▶ ... y aparecerá el cuadro de diálogo **paso 5 de 5** en el cual puede especificar un título para el gráfico y para los ejes:

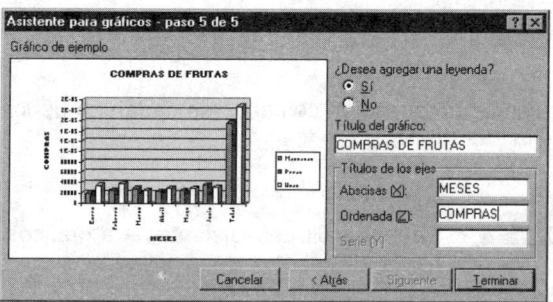

▶ Digite en la casilla **Título de gráfico:** el texto COMPRAS DE FRUTAS y en **¿Desea agregar una leyenda?** seleccione la opción **Sí**.

▶ En la casilla **Abscisas (X):** digite MESES como título para el eje X y en la casilla **Ordenada (Z):** digite COMPRAS como título para el eje Y.

▶ Oprima el botón **Terminar** para cerrar el **Asistente para gráficos** y crear el gráfico.

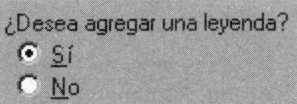

**¿Desea agregar una leyenda?**
Seleccione si quiere incluir, o no una leyenda.

**Título del gráfico:**
En este recuadro incluya el título del gráfico.

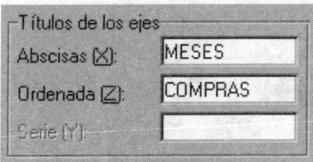

**Títulos de los ejes**
En esta área incluya los títulos para los ejes. Si el gráfico es circular o de anillos esta opción no está disponible.

◗ Finalmente el gráfico quedará en la hoja de cálculo en la posición seleccionada inicialmente.

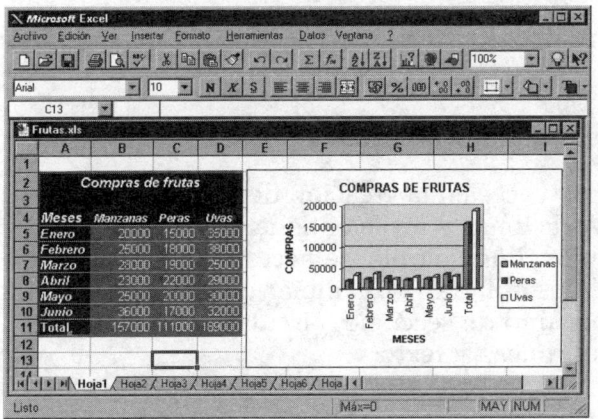

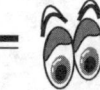

Si desea ver la barra de herramientas **Gráfico** haga lo siguiente:

✗ Seleccione **Barras de herramientas...** del menú **Ver** y aparecerá la ventana de diálogo **Barras de herramientas.**

✗ Active la casilla **Gráfico.**

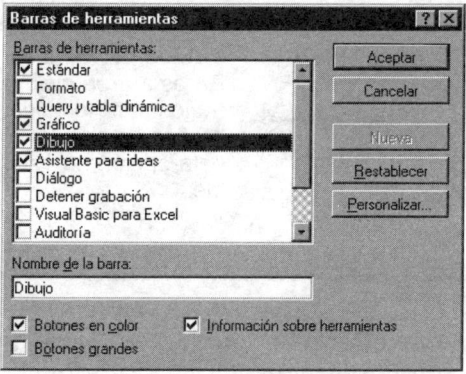

✗ Pulse el botón **Aceptar.**

## Agregar datos a un gráfico

Muchas veces en la creación de los gráficos hay equivocaciones y no se obtienen los resultados deseados. Por ejemplo, se necesita incluir o suprimir datos del gráfico, cambiar un gráfico de columnas por uno de secciones circulares, adicionar colores, líneas y texto.

Suponga que tiene la siguiente hoja de cálculo de las **Compras de frutas** y desea agregar los datos de la fruta **COCOS**:

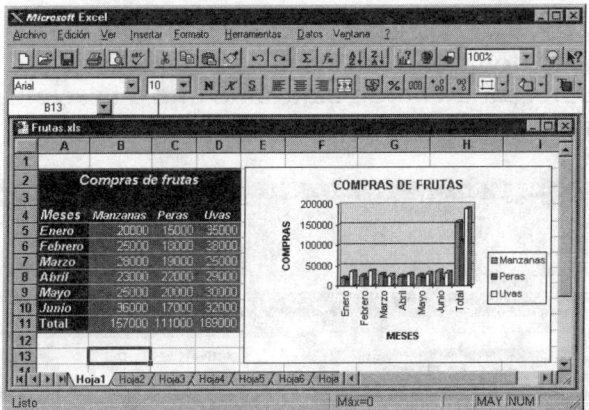

Al agregar la nueva fruta a la hoja de cálculo con los respectivos valores de compra para cada mes nos quedará de la siguiente forma:

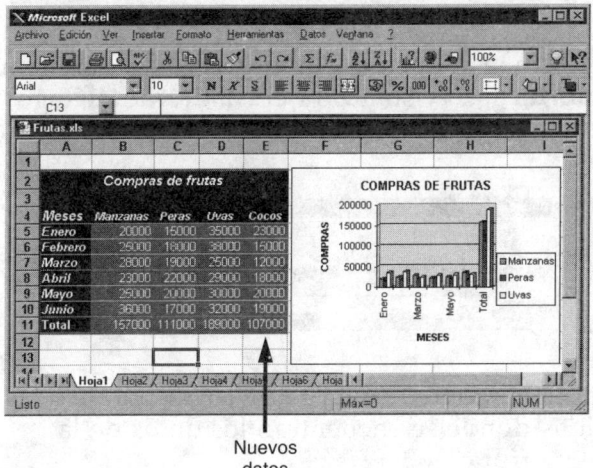

Nuevos
datos

Como se adicionó una nueva columna a la tabla de datos es necesario modificar el gráfico e incluir una nueva barra. Para esto se deben seguir los siguientes pasos:

▶ Haga doble clic en el gráfico para activarlo y aparecerá un borde indicando que está seleccionado:

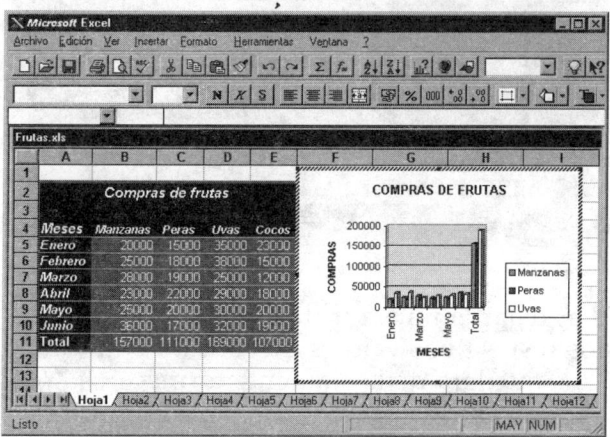

▶ Seleccione la opción **Datos nuevos...** del menú **Insertar** y se visualizará el cuadro de diálogo de **Datos nuevos**.

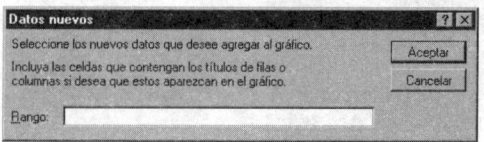

▶ Digite el rango **=E4:E10** que corresponde a las celdas donde se encuentran los datos de la nueva fruta.

◗ Haga clic en el botón **Aceptar** y aparecerá en el gráfico una nueva columna para la fruta CO-COS:

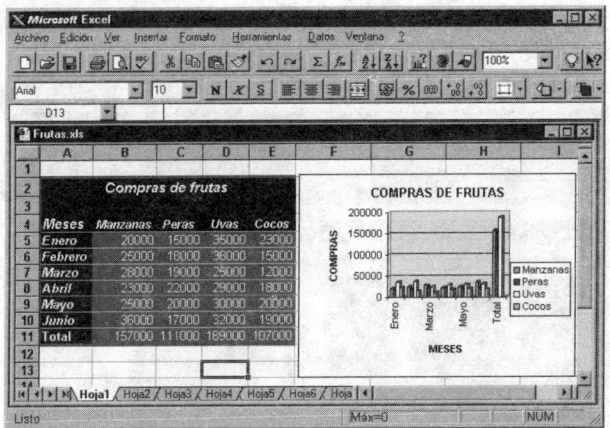

Otra forma de agregar un dato o una serie de datos a un gráfico es:

◗ Seleccione el rango donde se encuentran los datos que se van a agregar.

◗ Arrastre los datos, pulsando el borde del rango, hacia el gráfico y suelte el botón del *mouse* y el gráfico quedará modificado.

## Suprimir datos de un gráfico

Puede eliminar los datos innecesarios de un gráfico sin afectar los otros.

Para suprimir la columna correspondiente a la compra de Uvas en el siguiente gráfico:

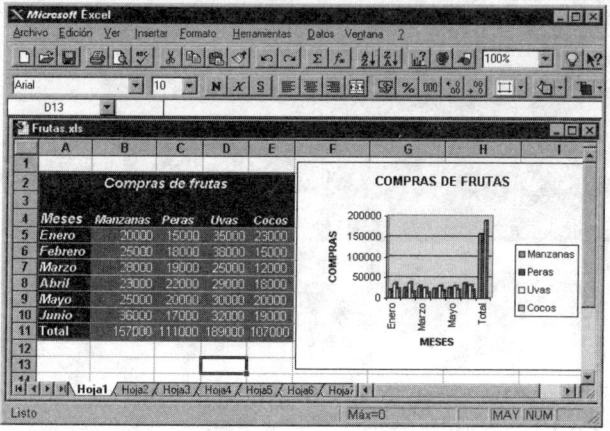

▶ Haga doble clic en el gráfico para seleccionarlo. El cuadro quedará rodeado por un borde que indica que está activado.

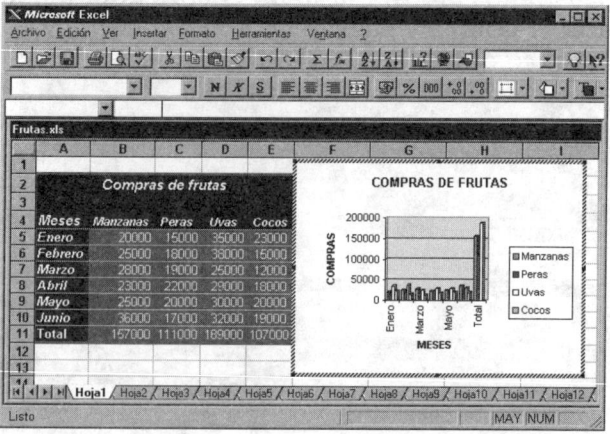

▶ Haga clic en la columna que representa la compra de **Uvas**; ésta quedará rodeada por pequeños cuadros de selección.

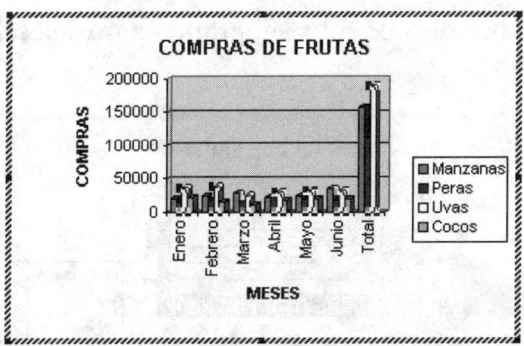

▶ Pulse la tecla **Del (Supr)** y la representación gráfica de la compra de uvas será eliminada:

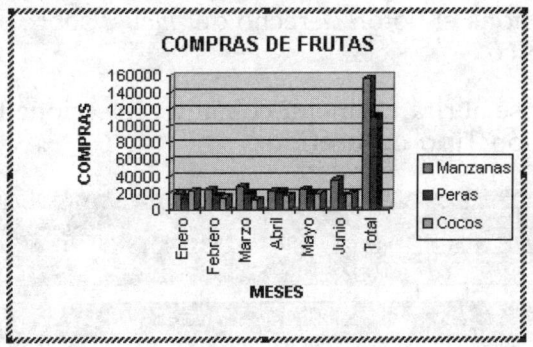

## Cambiar el tipo de gráfico

Luego de crear un gráfico puede modificarlo cambiando el tipo de gráfico, por ejemplo, de un gráfico de barras a uno de barras 3D.

Si el cambio se hace entre tipos de gráficos similares, la diferencia del formato es muy poca, por ejemplo, un gráfico de sectores circulares a un gráfico de anillos, o uno de barras a barras 3D.

En esta sección se mostrará cómo cambiar un tipo de gráfico de Columnas 3D por uno de Áreas 3D, para lo cual:

▶ Haga doble clic sobre el gráfico para seleccionarlo.

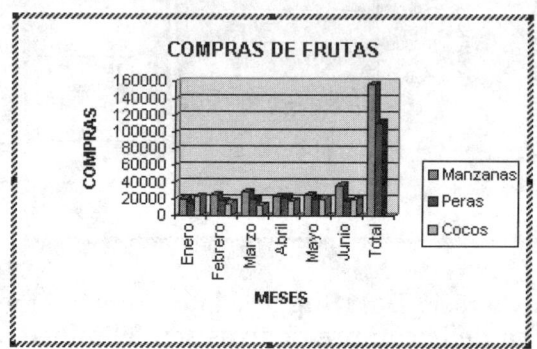

▶ Presione el botón derecho del *mouse* sobre el gráfico.

▶ ... y se abrirá un menú colgante, seleccione la opción **Tipo de gráfico...**

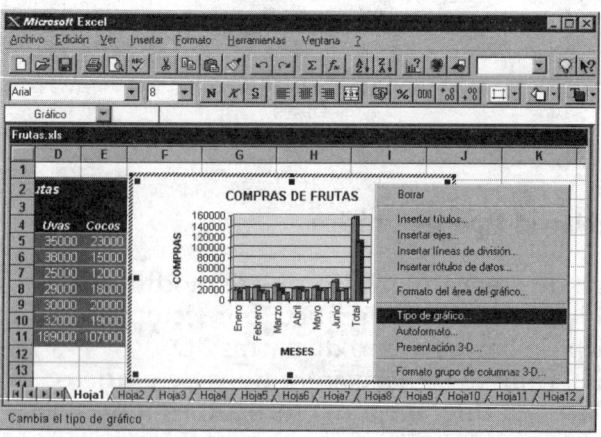

▶ Luego aparecerá el cuadro de diálogo **Tipo de gráfico** en el que puede seleccionar el nuevo gráfico:

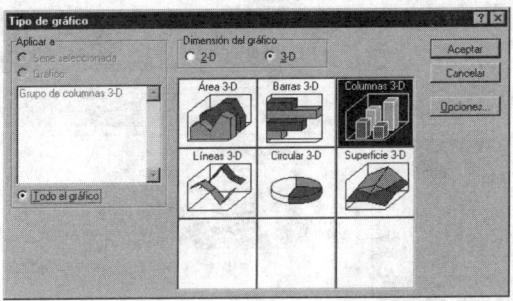

▶ En el área **Dimensión del gráfico** seleccione el botón de verificación **3-D**, que corresponde a gráficos de tres dimensiones.

▶ Seleccione el cuadro correspondiente a Área 3-D; este cuadro quedará resaltado con fondo negro.

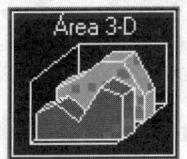

▶ Pulse el botón **Aceptar** y finalmente el gráfico quedará modificado como Área 3D:

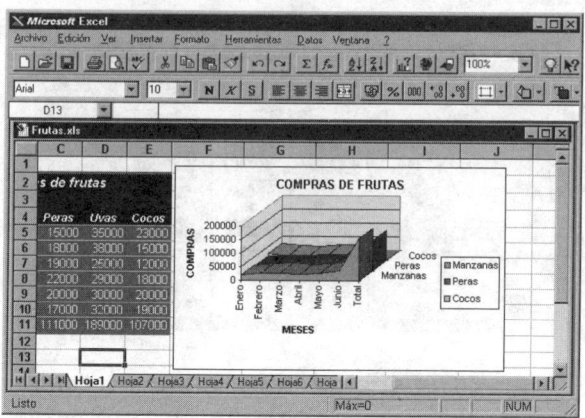

También puede modificar el tipo de gráfico utilizando la orden **Tipo de gráfico...** del menú **Formato**.

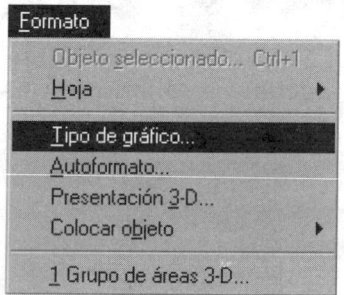

## Dar formato a un gráfico

Una vez creado un gráfico puede darle otro formato, es decir, cambiar los bordes y color del área del gráfico.

En esta sección se verán varias maneras de dar formato a un gráfico. En el siguiente ejemplo se modificarán las opciones del gráfico **Área 3-D** creado en la sección anterior:

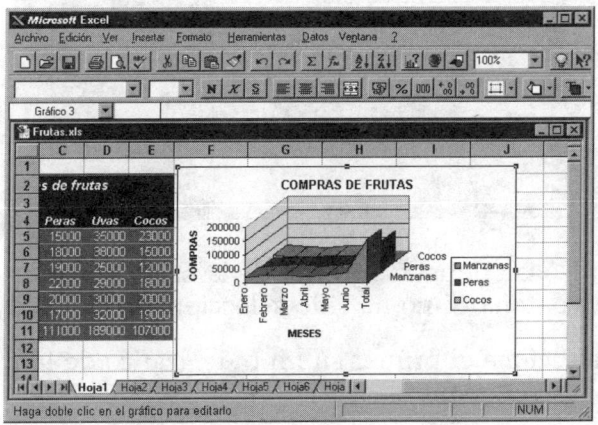

▶ Haga doble clic sobre el gráfico para seleccionarlo.

▶ Seleccione la opción **1 Grupo de áreas 3-D...** del menú **Formato**.

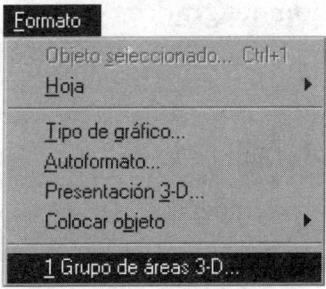

▶ ... y aparecerá el cuadro de diálogo **Formato del grupo de áreas 3-D** en el que puede modificar el subtipo de gráfico, el orden de las series y otras opciones de formato.

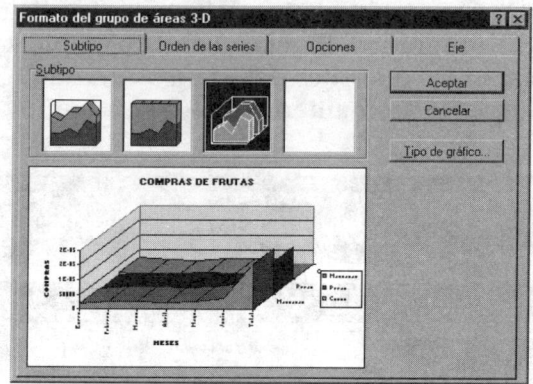

▶ Pulse la etiqueta **Subtipo** de la barra superior de la ventana, si no ha sido seleccionado.

▶ Seleccione el primer subtipo de gráfico de la siguiente manera:

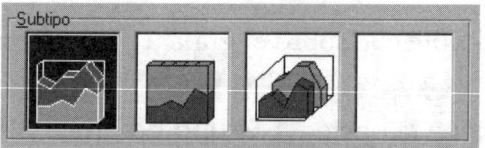

En el recuadro inferior de la ventana, aparece una representación del gráfico.

◗ Presione el botón **Aceptar** y el gráfico quedará de la siguiente forma:

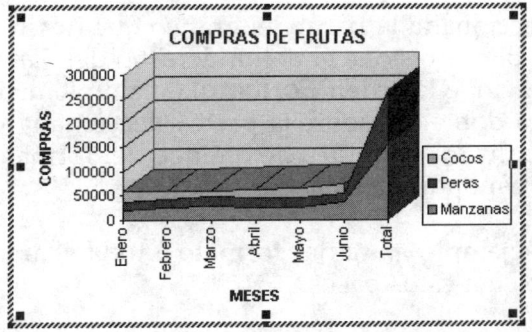

## Cambiar los colores y el diseño de un gráfico

Para cambiar los colores y el diseño de un gráfico, primero seleccione la parte del gráfico que va a modificar (leyenda, título, serie de datos, rótulo de datos, área del gráfico, etc.), y luego aplique el formato deseado. Para seleccionar alguna parte del gráfico haga clic sobre el área deseada.

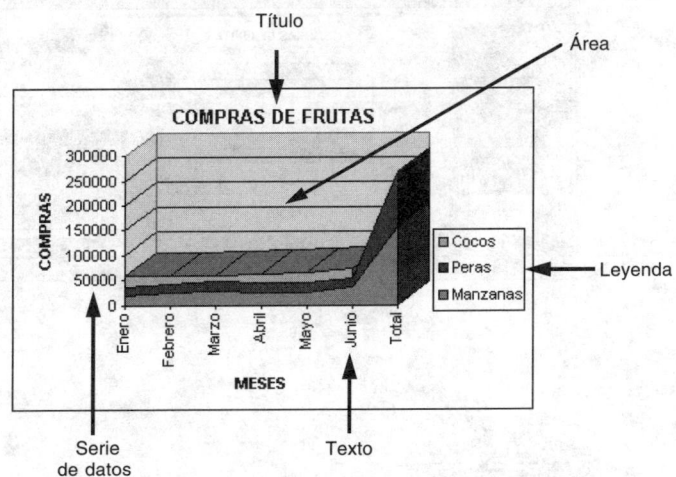

Cada parte del gráfico puede modificarse de manera separada.

▶ Seleccionada la parte del gráfico que desea cambiar, presione el botón derecho del *mouse* y seleccione la orden **Formato...** o simplemente haga doble clic sobre la parte seleccionada y se visualizará el cuadro de diálogo del formato correspondiente.

Por ejemplo, para dar formato a toda el área del gráfico siga estos pasos:

▶ Haga doble clic sobre el gráfico para seleccionarlo.

▶ Presione el botón derecho del *mouse* y aparecerá un menú contextual con varias opciones.

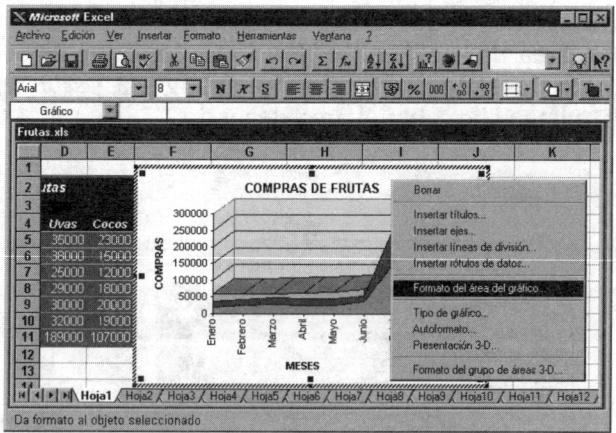

◗ Elija la opción **Formato del área del gráfico...** y aparecerá la siguiente ventana en la cual puede modificar el diseño y fuentes del gráfico:

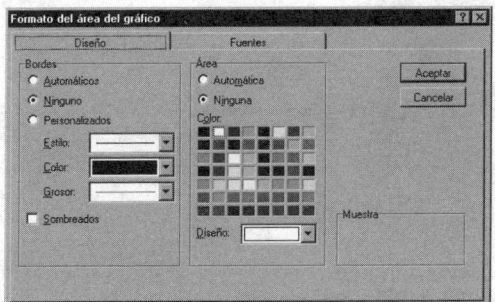

◗ Elija la ficha **Diseño**, si aún no ha sido seleccionado.

El cuadro **Formato del área del gráfico** está compuesto de dos fichas:

✗ Diseño
✗ Fuente

**Diseño**
Define aspecto del diseño del gráfico.

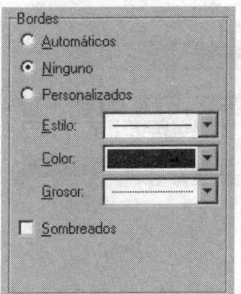

**Bordes**
En esta área seleccione el estilo, color y grosor de los bordes del área del gráfico, pulsando las flechas de listas desplegables.

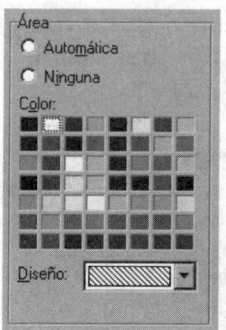

**Área**
Aquí puede escoger el color y diseño de fondo del área del gráfico.

**Muestra**
En este cuadro aparece una simulación del diseño del área del gráfico.

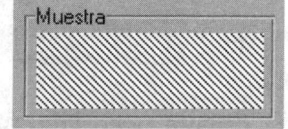

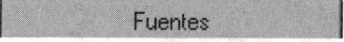

**Fuentes**
En esta ficha se establece la tipografía del gráfico.

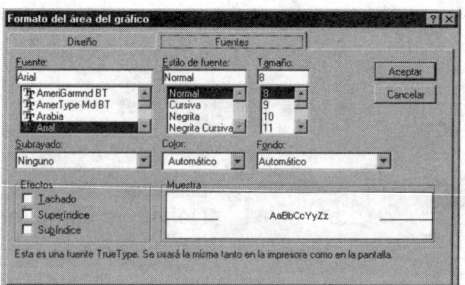

**Fuente:**
Seleccione el tipo de fuente que desea utilizar.

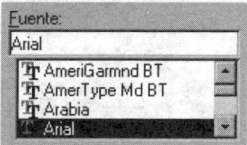

**Estilo de fuente:**
Escoja si la fuente será en **Normal**,
**Cursiva**, **Negrita** o **Negrita Cursiva**.

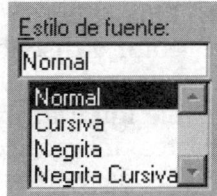

**Tamaño:**
Elija el tamaño correspondiente a la fuente
por utilizar.

**Subrayado:**
Seleccione el tipo de subrayado
que se va a utilizar **Ninguno**,
**Simple** o **Doble**.

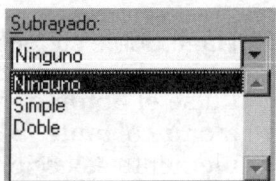

**Color:**
Permite seleccionar el color para la fuente.

**Fondo:**
Elija el tipo de fondo para el texto
**Automático**, **Transparente** o **Blanco**.

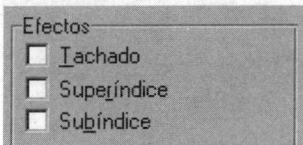

**Efectos**
Efectos adicionales por
seleccionar como por ejemplo
texto **Tachado**, **Superíndice** o
**Subíndices**.

**Muestra**
Representación gráfica
de las opciones
seleccionadas.

Muestra

AaBbCcYyZz

▶ Elija el botón **Aceptar** después de seleccionar el color y diseño del gráfico.

De igual forma puede dar formato a las otras partes del gráfico, como leyenda, título o al texto.
Las ventanas de diálogo para el formato de estas partes son similares a la presentada anteriormente.

### Autoformato para un gráfico

El autoformato para un gráfico se emplea para dar un formato predeterminado al gráfico seleccionado. Siga los siguientes pasos:

▶ Haga doble clic sobre el gráfico para seleccionarlo.

▶ Pulse el botón derecho del *mouse* y escoja en el menú colgante la orden **Autoformato...** o simplemente selecciónelo en el menú **Formato**.

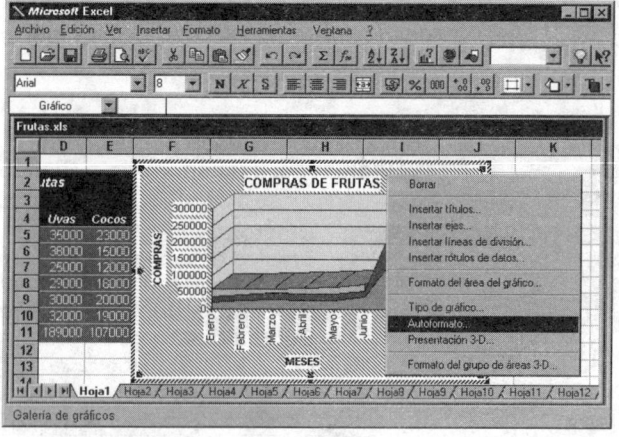

▶ ... aparecerá el cuadro de diálogo **Autoformato**.

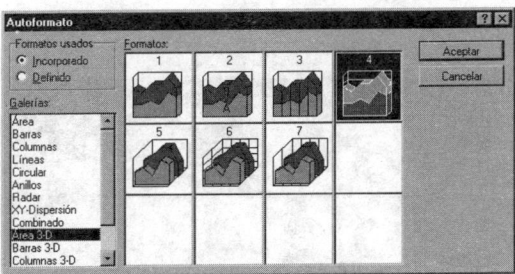

▶ Seleccione el botón de verificación **Incorporado**
en el área **Formatos usados**, si aún no se ha
seleccionado.

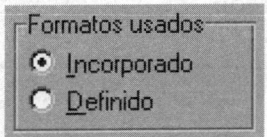

▶ Escoja en el área **Galerías:** el tipo de gráfico; por
ejemplo, Anillos.

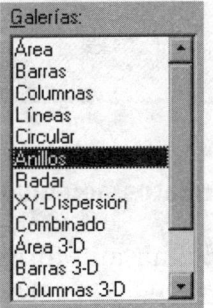

♦ En la sección **Formatos:** escoja el cuadro correspondiente al formato que desea dar al gráfico, por ejemplo, el número 3.

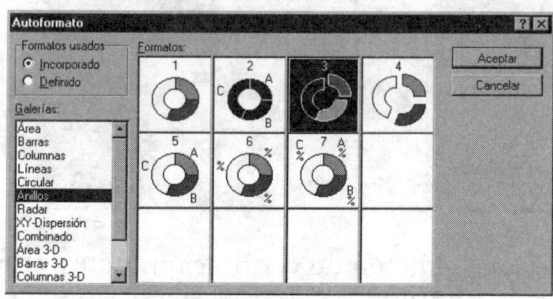

♦ Pulse el botón **Aceptar** y el gráfico quedará con el formato elegido.

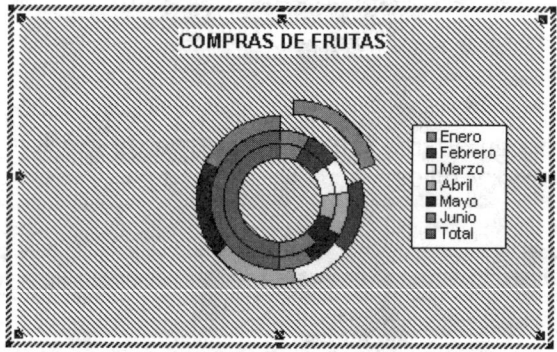

## Creación de autoformatos personalizados

Excel 7.0 permite definir autoformatos personalizados. Un formato personalizado se crea a partir de un gráfico que ha sido modificado, es decir, el usuario realiza los cambios que crea convenientes y agrega el tipo de formato a la galería de formatos.

En esta sección se tomará un gráfico modificado para la creación de un autoformato personalizado.

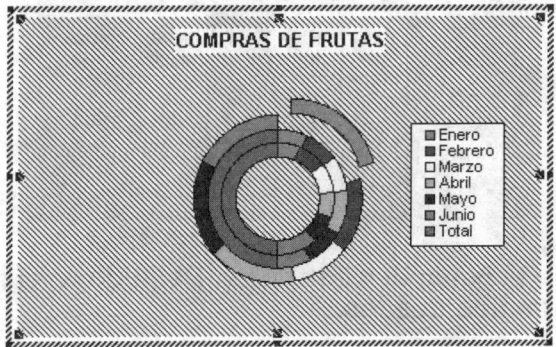

Como puede observar, a este gráfico se le han modificado la textura de las barras y el fondo.

Para crear un autoformato personalizado con las características de textura y fondo ya definidas proceda así:

▶ Haga doble clic sobre el gráfico para seleccionarlo.

▶ Seleccione la opción **Autoformato...** en el menú **Formato**.

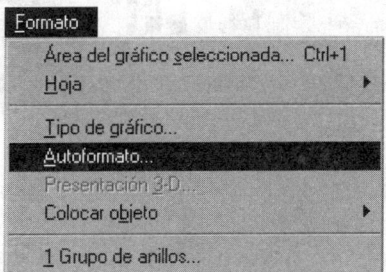

▶ ... y se abrirá el cuadro de diálogo **Autoformato**.

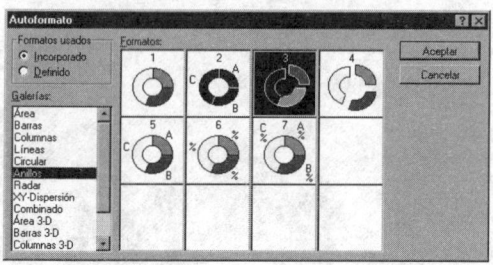

▶ Elija el botón de verificación **Definido** en el área **Formatos usados**.

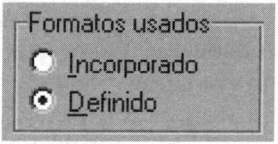

▶ ... y la ventana tomará el siguiente aspecto:

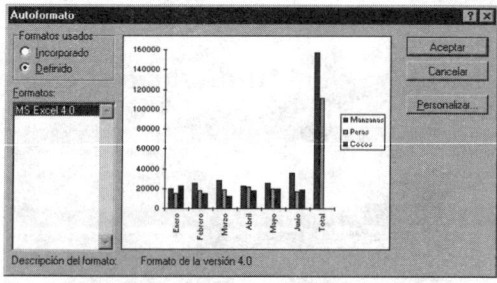

◗ Presione el botón **Personalizar...** y se abrirá el cuadro de diálogo **Autoformatos definidos por el usuario**.

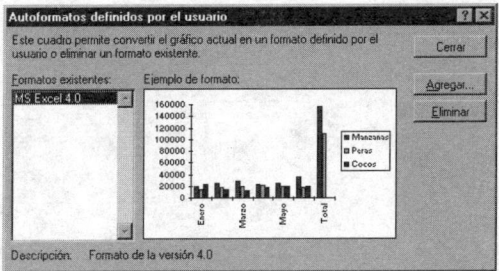

◗ Pulse el botón **Agregar...**

◗ ... y se abrirá el cuadro de diálogo **Agregar autoformato personalizado**.

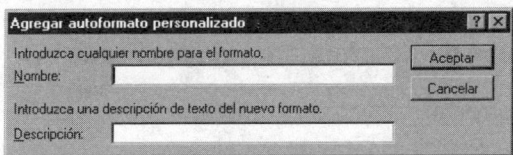

◗ Digite el nombre que desea dar al autoformato en el recuadro **Nombre:**, por ejemplo, MIFOR-MATO.

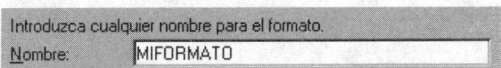

◗ Introduzca una breve descripción del autoforma-to en el recuadro **Descripción:**, por ejemplo, Crea un formato personalizado.

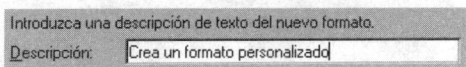

▶ Presione el botón **Aceptar** y en el cuadro de diálogo **Autoformatos definidos por el usuario** quedará incluido el autoformato MIFORMATO.

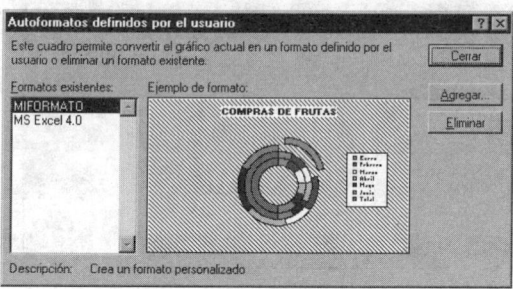

▶ Pulse el botón **Cerrar** en esta ventana y su gráfico quedará incluido en la lista de autoformatos.

### Seleccionar un autoformato personalizado

Para escoger autoformato definido por el usuario siga estos pasos:

▶ Haga doble clic sobre el gráfico para seleccionarlo.

▶ Seleccione la opción **Autoformato...** del menú **Formato**.

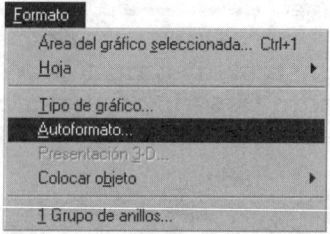

▶ Escoja el botón de verificación **Definido** en el área **Formatos usados**.

▶ El autoformato creado aparecerá en la lista **Formatos:** del cuadro de diálogo **Autoformato:**

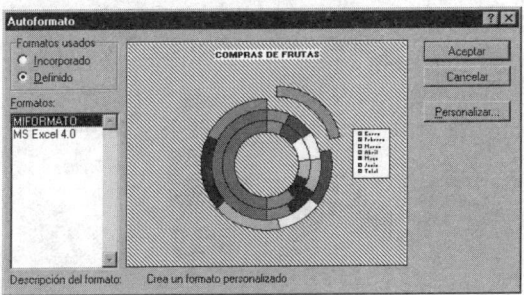

▶ Seleccione el formato MIFORMATO en la lista **Formatos:** y pulse el botón **Aceptar**.

▶ ... y el gráfico tomará el formato seleccionado, así:

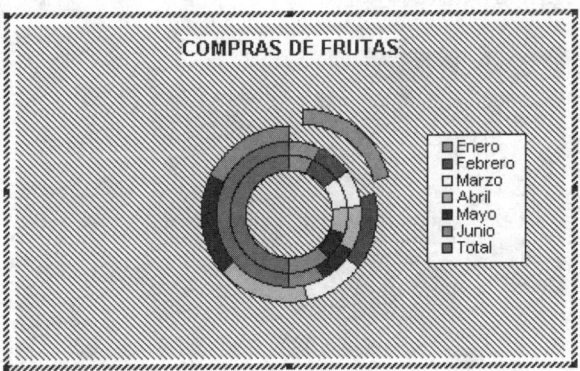

### Enfoque para un gráfico 3D

Con Excel 7.0 puede cambiar la elevación, perspectiva y giro a un gráfico en tres dimensiones.

Por ejemplo, para rotar el siguiente gráfico 3D:

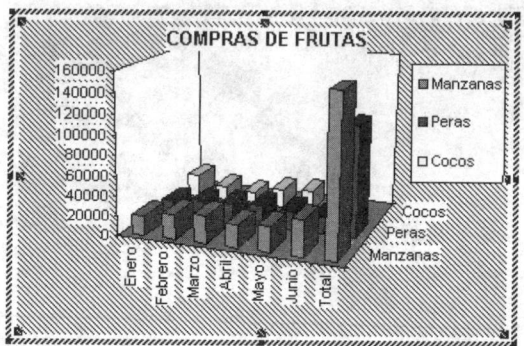

▸ Haga doble clic sobre el gráfico para seleccionarlo.

▸ Seleccione la orden **Presentación 3-D...** del menú **Formato**.

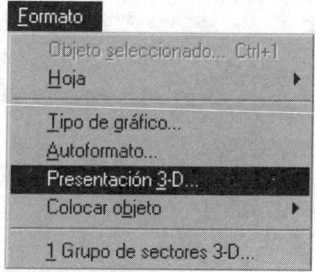

▶ ... y aparecerá el cuadro de diálogo **Presentación tridimensional**.

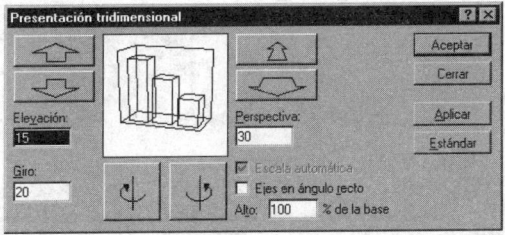

▶ Pulse las flechas de **Elevación:** hasta obtener 25° en el cuadro correspondiente. Estas medidas están dadas en grados.

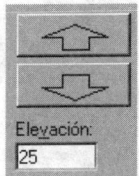

▶ Presione las flechas de **Perspectiva:** hasta obtener 65° en el cuadro correspondiente.

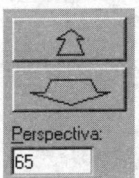

Si el gráfico es circular 3D, la opción **Perspectiva:**, del cuadro de diálogo **Presentación tridimensional**, no está disponible.

▶ Con las flechas **Giro:** obtenga 50°. Esta medida está dada en grados.

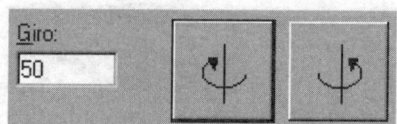

**Elevación:**
Al oprimir la flecha que apunta hacia abajo disminuye la elevación del gráfico, si presiona la otra flecha se consigue el efecto opuesto.

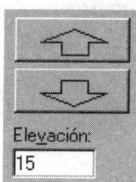

**Giro:**
Permite rotar el gráfico respecto al eje vertical.

**Presentación preliminar**
Permite tener una visualización previa de los cambios en el gráfico.

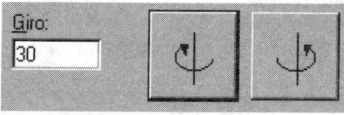

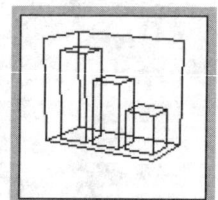

**Perspectiva:**
Modifica el grado de profundidad del gráfico.

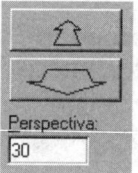

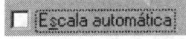
**Escala automática**
Ajusta automáticamente el ancho y alto del gráfico. Sólo está disponible si la casilla **Ejes en ángulo recto** está activada.

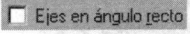
**Ejes en ángulo recto**
Coloca los ejes del gráfico en ángulo recto sin importar si se rota o eleva la figura.

**Alto:**
Aquí puede escribir en porcentaje el alto del gráfico con respecto a la base.

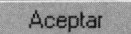
**Aceptar**
Pulse este botón para aplicar las opciones establecidas al gráfico.

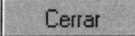
**Cerrar**
Cierra el cuadro de diálogo **Presentación preliminar** sin efectuar los cambios indicados.

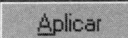
**Aplicar**
Presenta cómo va a quedar la figura antes de cerrar el cuadro de diálogo.

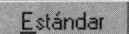
**Estándar**
Deja el gráfico en su forma original.

▶ Pulse el botón **Aceptar** y el gráfico finalmente quedará de la siguiente forma:

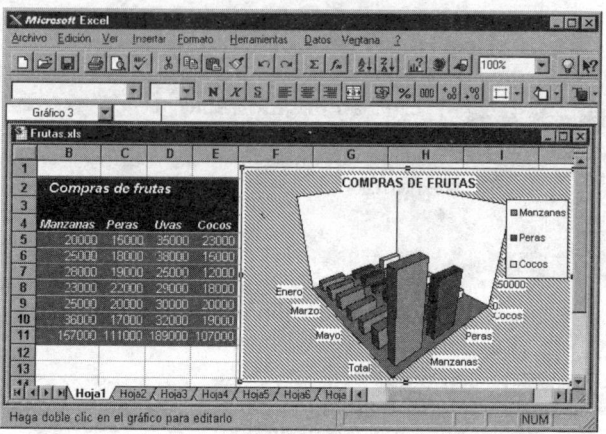

# Bases
# de datos

Una base de datos es un conjunto de información organizada por filas y columnas. Cada fila, llamada registro, contiene información sobre algún objeto o persona específica. Cada registro está conformado por varias columnas llamadas campos. Por ejemplo, un registro puede comprender los siguientes campos: fruta, cantidad, valor unitario, etc.

| FRUTA | CANTIDAD | VALOR UNITARIO |
|---|---|---|
| Manzana | 580 | 200 |
| Pera | 500 | 300 |
| Coco | 300 | 800 |
| Banano | 900 | 100 |
| Papaya | 500 | 950 |
| Piña | 250 | 750 |
| Mora | 950 | 200 |
| Uva | 500 | 250 |
| Patilla | 100 | 950 |

Cuando la información se encuentra almacenada en una base de datos es frecuente tener que acceder a un registro, ordenar los datos por algún campo, etc.

Excel 7.0 le permite crear un filtro y ordenar una base de datos de una manera fácil.

### Crear un filtro en una lista

Un filtro permite seleccionar determinados datos de una lista teniendo en cuenta ciertos criterios específicos.

En el siguiente ejemplo se muestran los pasos que debe seguir para filtrar los datos de una lista:

▶ Elija una celda cualquiera de una lista de datos.

▶ Seleccione la opción **Filtros** del menú **Datos** y luego escoja la opción **Filtro automático** del menú emergente que aparece al lado.

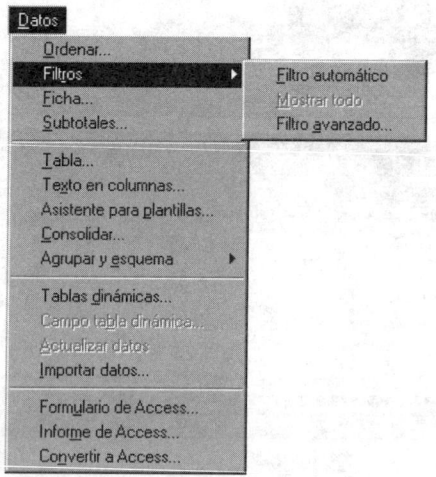

▶ ... y en cada una de las celdas que contienen los encabezados de la lista de datos (FRUTA, CAN-TIDAD, VALOR UNITARIO) aparecerán unos botones de lista desplegable: botones de filtro.

Botón
de filtro

▶ La hoja de cálculo tendrá el siguiente aspecto:

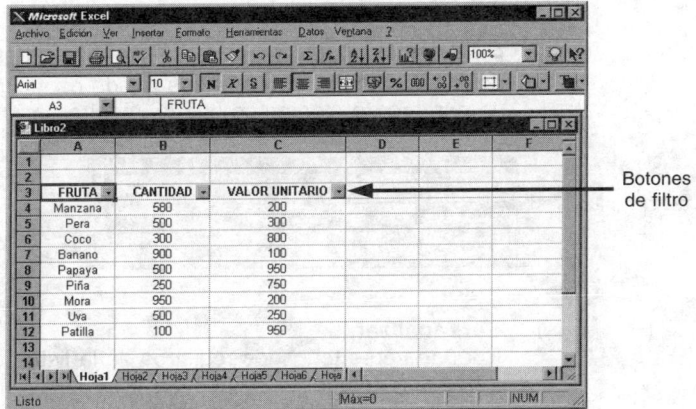

Botones
de filtro

Los botones de filtro permiten visualizar deter-minados datos de una columna, por ejemplo, las frutas cuyo valor unitario sea superior a 330.

▶ Seleccione el botón de filtro de la celda C3, que corresponde al campo VALOR UNITARIO.

▶ ... y se desplegará un menú con la lista de criterios que puede seleccionar para filtrar los datos de la tabla:

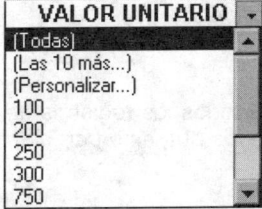

(Todas) **Todas**
Permite visualizar todos los registros de la lista de datos.

(Las 10 más...) **Las 10 más...**
Presenta el cuadro de diálogo **Filtro automático de las diez mejores** en el que puede especificar un número de elementos que se mostrarán.

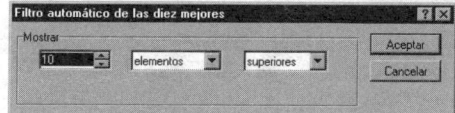

(Personalizar...) **Personalizar...**
Pueden verse todos los registros de la lista de datos con criterios definidos por el usuario. Al seleccionar aparecerá el cuadro de diálogo **Filtros personalizados.**

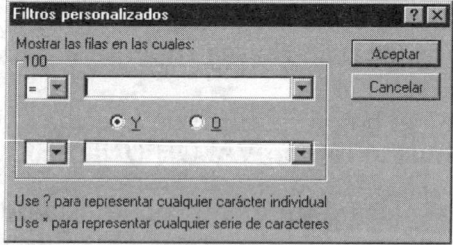

(Vacías) **Vacías**
Muestra todos los registros sin información en el campo seleccionado.

(No vacías) **No vacías**
Selecciona todos los registros de la lista de datos, incluyendo los que estén en blanco.

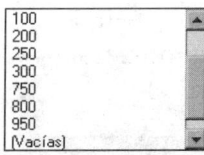

Las demás opciones son los criterios que contiene toda la lista de datos respecto al campo seleccionado.

El resultado de seleccionar alguna de estas opciones es el ocultamiento temporal de las filas que no corresponden a esa opción.

▶ Seleccione la opción 200 para mostrar sólo las frutas cuyo valor unitario sea 200 en la lista de criterios.

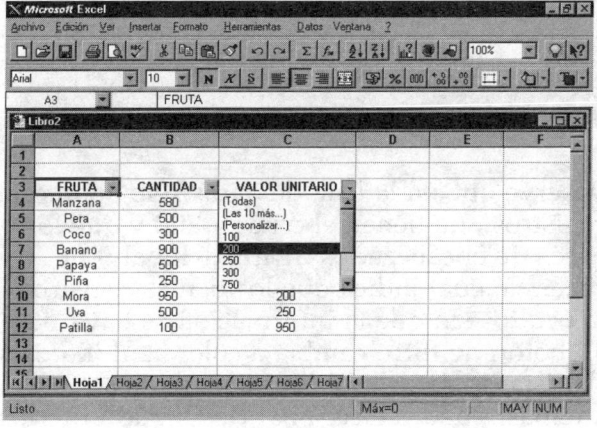

▶ Ahora sólo aparecerán los registros de frutas cuyo valor unitario es 200, como se muestra a continuación:

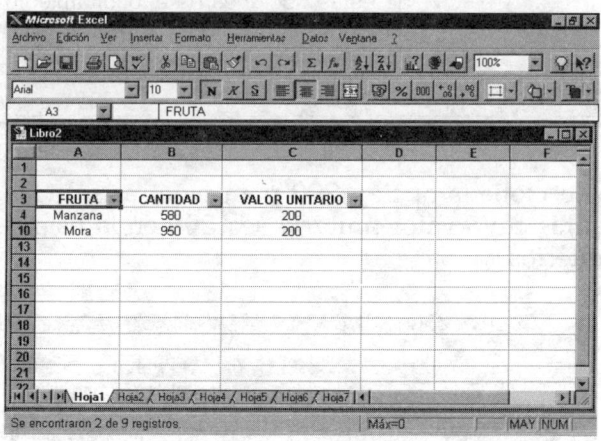

Observe que en la lista de datos sólo aparecen los registros que tienen el criterio 200 y que los números de encabezados de fila del 4 al 9 no aparecen, lo cual indica que los demás registros están ocultos sin que la información se haya perdido. El botón de filtro cambia a color azul indicando que la lista de datos está filtrada.

Además, puede seleccionar dos o más criterios, en campos diferentes si desea realizar una selección con base en varios campos. Por ejemplo, para seleccionar las frutas cuyo valor unitario sea 200 y además exista una cantidad igual a 580, escoja ambos criterios en los campos correspondientes pulsando los botones de filtro y haciendo clic en las opciones deseadas.

La hoja de cálculo finalmente quedaría de la siguiente manera, luego de seleccionar las opciones:

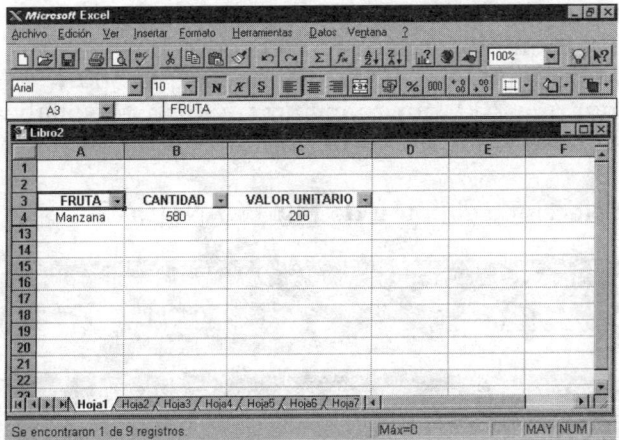

Sólo aparecen los registros que contienen en el campo VALOR UNITARIO el criterio 200 y en el campo CANTIDAD el criterio 580. Los demás datos están filtrados.

Para restablecer los datos de la lista, haga lo siguiente:

▶ Seleccione la opción **Filtros** del menú **Datos** y luego escoja **Mostrar todo**.

### Filtros personalizados

Algunas veces se necesita visualizar registros que estén relacionados con una serie de criterios definidos por el usuario.

Por ejemplo, si necesita ver todos los registros cuyo campo **CANTIDAD** sea mayor que **500** y menor que **700**, puede incluir un filtro personalizado con los siguientes criterios:

◗ Seleccione el botón de filtro **CANTIDAD**:

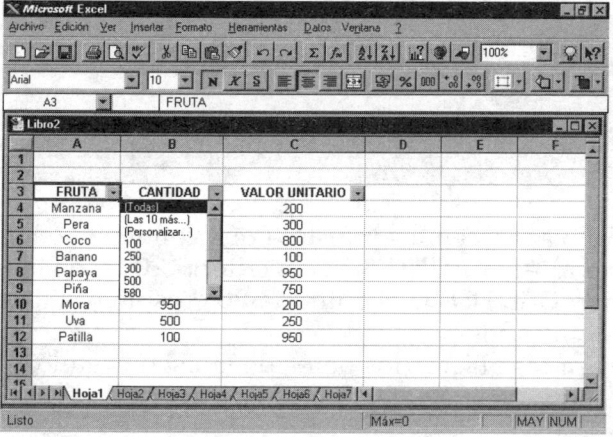

◗ Elija la opción **Personalizar...** del menú desplegable.

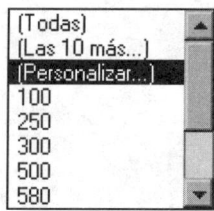

▶ ... y se visualizará el cuadro de diálogo **Filtros personalizados**.

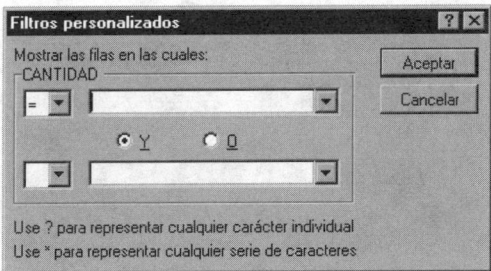

▶ Seleccione en la lista desplegable del primer recuadro el operador **>** (mayor que):

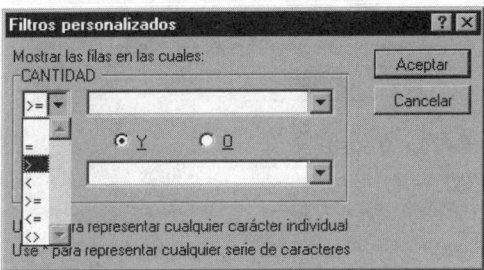

▶ Pulse la flecha de despliegue del segundo recuadro y cuando visualice la lista de criterios para el campo CANTIDAD, seleccione 500.

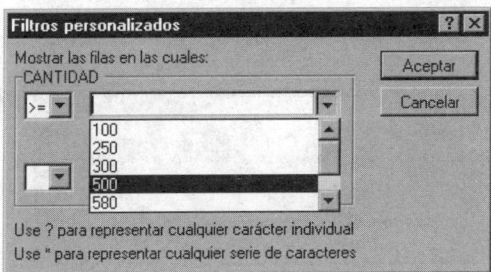

▶ Pulse el botón de verificación círculo de selección correspondiente a **Y**, para realizar un filtrado de datos con doble criterio:

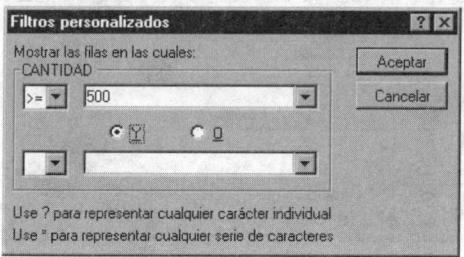

▶ En el segundo recuadro escoja el operador **<** (menor que):

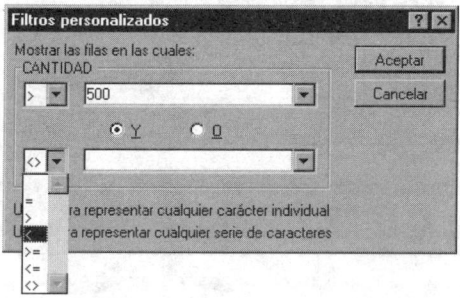

▶ Digite el número 700 en el cuadro de texto que aparece al lado.

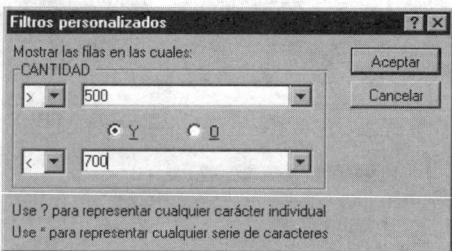

◗ El cuadro de diálogo quedará de la siguiente forma:

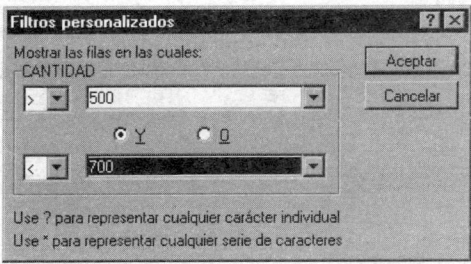

Puede emplear comodines (? y *) para representar caracteres.

◗ Pulse el botón **Aceptar** y la lista de datos se verá como la siguiente:

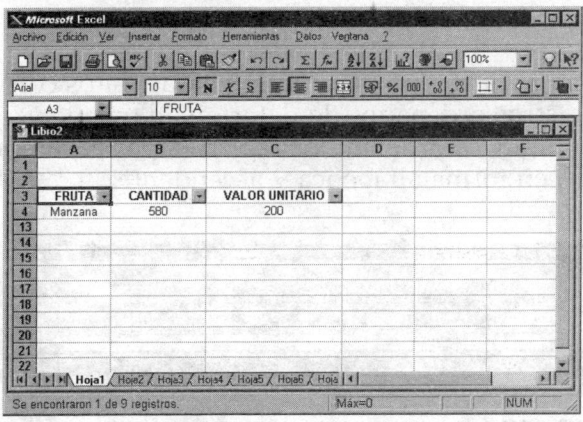

Observe que sólo aparecen los registros de la fruta **Manzana**, los demás registros están filtrados sin que la información se pierda o se altere.

Para ver nuevamente todos los registros, elija la opción **Todas** del menú desplegable que aparece al seleccionar el botón de filtro correspondiente a CANTIDAD.

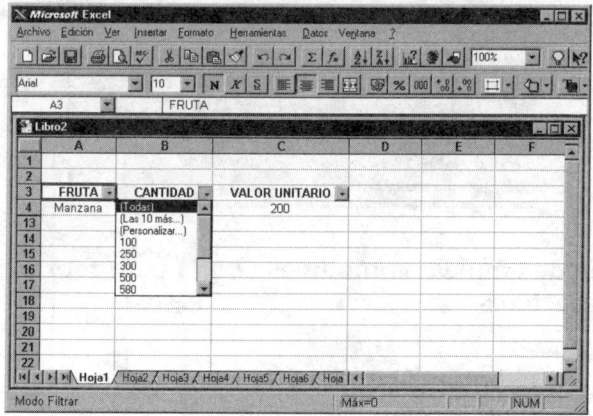

## Ordenar datos en una lista

Cuando necesita imprimir una lista de datos con los registros ordenados de determinada manera, por ejemplo, se ordenan los registros por el campo FRUTA en forma alfabética y ascendente.

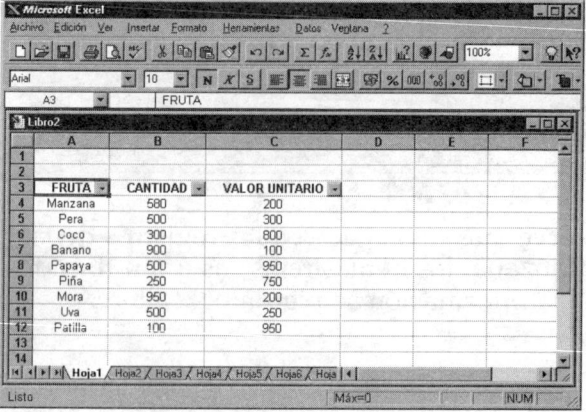

◗ Seleccione una celda de la tabla.

◗ Elija la opción **Ordenar...** del menú **Datos**.

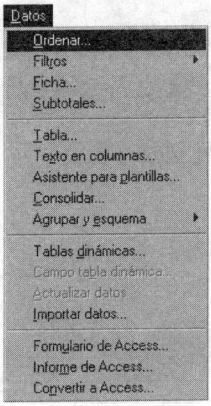

◗ ... y aparecerá el cuadro de diálogo **Ordenar**.

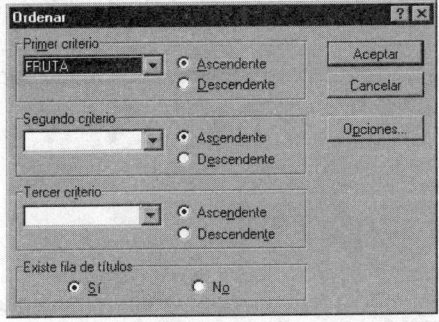

◗ En el recuadro **Primer criterio** seleccione el campo FRUTA y elija el botón de verificación **Ascendente**.

◗ Elija el botón de verificación **Sí** en el área **Existe fila de títulos**, si no lo ha elegido.

⯈ Oprima el botón **Aceptar** y finalmente la hoja de cálculo se verá así:

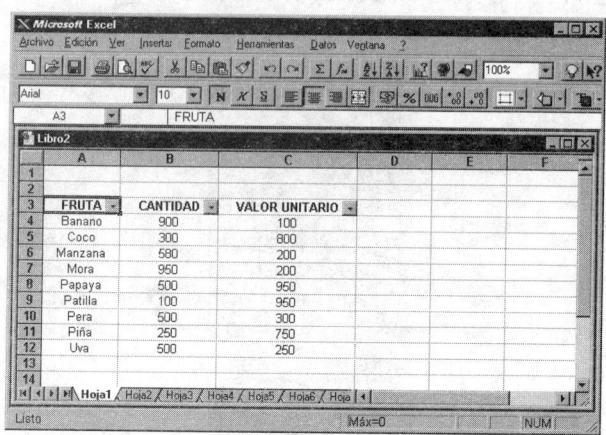

Los registros quedarán ordenados alfabéticamente por el campo FRUTA en forma ascendente.

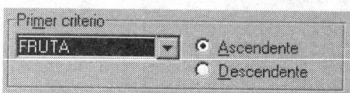

**Primer criterio**
Especifica el primer criterio que se tomará en cuenta para ordenar los datos.

**Segundo criterio**
Indica el segundo criterio para ordenar los datos.

**Tercer criterio**
Especifica un tercer criterio para ordenar los datos.

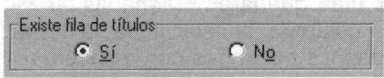

**Existe fila de títulos**
Permite indicar si hay una fila de títulos para que se tome o
no en cuenta en la ordenación.

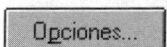

**Opciones...**
Abre el cuadro de diálogo **Opciones de
ordenación**.

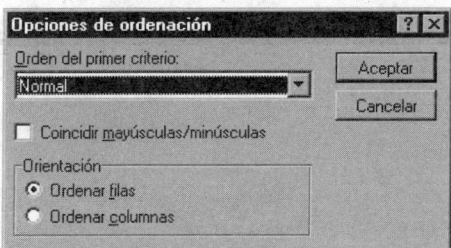

**Orden del primer criterio:**
Permite elegir un criterio de ordenación personalizado para la
columna seleccionada.

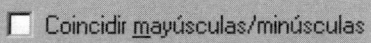

**Coincidir mayúsculas/minúsculas**
Permite establecer que en el criterio de ordenación se tenga
en cuenta las mayúsculas y minúsculas.

**Orientación**
Permite seleccionar la forma como desea ordenar la lista de
datos; si selecciona **Ordenar filas** quedarán ordenadas las
filas de acuerdo con una sola columna; si selecciona **Ordenar
columnas** quedarán ordenadas las columnas con respecto a
una sola fila.

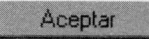

**Aceptar**
Haga clic en este botón para guardar y
aplicar las opciones seleccionadas.

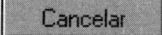

**Cancelar**
Cierra el cuadro de diálogo **Ordenar** sin
aplicar los cambios realizados.

# CAPÍTULO 11

## Intercambio de datos con otras aplicaciones

El intercambio de datos con otras aplicaciones consiste en tomar datos de una aplicación Microsoft e incrustarlos en otra, por ejemplo, puede capturar un gráfico creado en Paint e incrustarlo en una hoja de cálculo de Excel 7.0.

En este capítulo se intercambiarán datos de Excel 7.0 a Word 7.0 y de Paint a Excel 7.0.

### Colocar datos de Excel 7.0 en Word 7.0

Suponga que desea exportar los datos de la tabla de datos de frutas a Word 7.0:

215

▶ Seleccione el rango **A3:C12**, correspondiente a las celdas que ocupan los datos que se van a exportar.

Copiar

▶ Seleccione la opción **Copiar** del menú **Edición**.

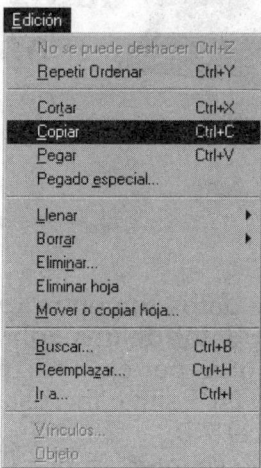

| Edición | |
|---|---|
| No se puede deshacer | Ctrl+Z |
| Repetir Ordenar | Ctrl+Y |
| Cortar | Ctrl+X |
| Copiar | Ctrl+C |
| Pegar | Ctrl+V |
| Pegado especial... | |
| Llenar | ▶ |
| Borrar | ▶ |
| Eliminar... | |
| Eliminar hoja | |
| Mover o copiar hoja... | |
| Buscar... | Ctrl+B |
| Reemplazar... | Ctrl+H |
| Ir a... | Ctrl+I |
| Vínculos... | |
| Objeto | |

▶ Haga clic en el botón **Inicio**, seleccione **Programas**, elija la carpeta **Microsoft Office** y, por último, seleccione **Microsoft Word**.

También puede pulsar la combinación de teclas **Ctrl + C** para seleccionar la opción **Copiar** o utilice el botón derecho del *mouse* para presentar el menú contextual y elegir la opción copiar.

▶ Seleccione la opción **Pegado especial...** del menú **Edición** de Word 7.0 y aparecerá el cuadro de diálogo **Pegado especial**.

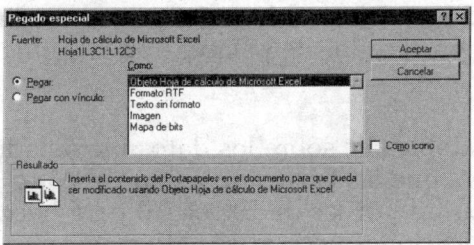

▶ Elija el botón de verificación **Pegar:**, si aún no ha sido seleccionada.

▶ Seleccione **Objeto Hoja de cálculo de Microsoft Excel** en el cuadro **Como:**

▶ Oprima el botón **Aceptar**; los datos de la hoja de cálculo de Excel 7.0 quedarán incrustados en el procesador de palabra Word 7.0.

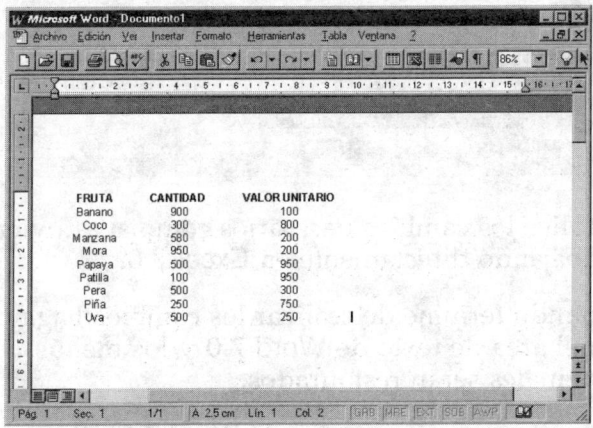

### Edición de datos incrustados en Word 7.0

Si necesita modificar los datos sobre las frutas incrustados en el documento de Word 7.0, no tiene que ir a Excel 7.0 para hacerlo, puede modificarlos desde el procesador de palabras de la siguiente forma:

▶ Haga doble clic sobre los datos incrustados y observe que las barras de menú de Word 7.0 son sustituidas por las de Excel 7.0 para hacer las modificaciones necesarias. Además, aparecen los encabezados de columna y de fila de la hoja de cálculo:

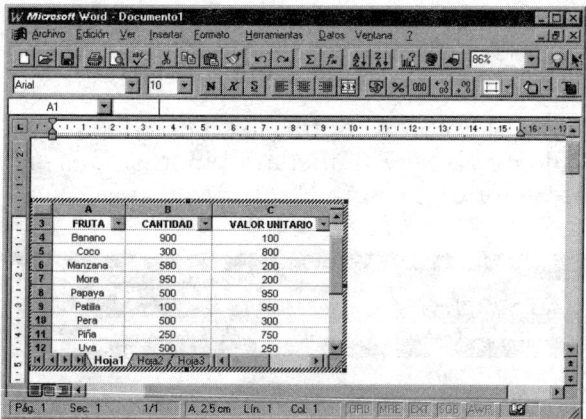

▶ Realice los cambios necesarios como si estuviera trabajando directamente en Excel 7.0.

▶ Cuando termine de realizar los cambios haga clic en el área de texto de Word 7.0 y los menús originales serán restaurados.

▶ Cuando cierre la ventana de Word 7.0 y regrese a Excel 7.0 comprobará que los cambios realizados en los datos sólo permanecerán en el documento de Word 7.0.

### Exportar un gráfico de Paint a Excel 7.0

Algunas veces no es suficiente con las herramientas de Excel 7.0 para crear objetos gráficos. En este caso, puede recurrir a un programa graficador para realizar el objeto y luego exportarlo a Excel 7.0.

En esta sección se va a incrustar un objeto gráfico en Excel 7.0 creado en Paint.

▶ Oprima el botón **Inicio**, seleccione **Programas**, elija la carpeta **Accesorios** y, por último, **Paint**.

▶ Haga un dibujo cualquiera en la ventana de trabajo de Paint, por ejemplo:

▶ Pulse el botón **Selección**.

◗ Arrastre el puntero del *mouse* desde la parte superior izquierda del dibujo hasta la inferior derecha para seleccionarlo.

◗ Elija la opción **Copiar** del menú **Edición** de Paint.

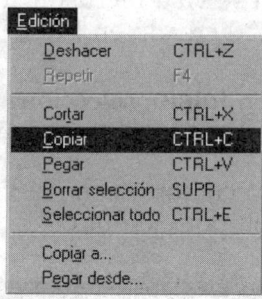

◗ Active la ventana de **Excel** 7.0 haciendo clic en el respectivo botón de la barra de tareas.

◗ Seleccione la celda donde desea colocar el objeto gráfico, por ejemplo **C4**.

◗ Elija la opción **Pegado especial...** en el menú **Edición** de Excel 7.0.

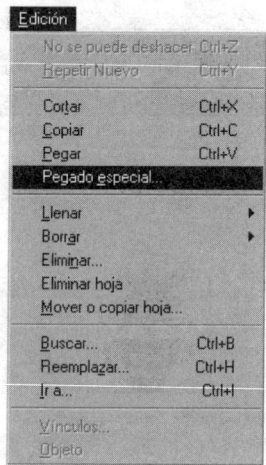

▶ ... y aparecerá el cuadro de diálogo **Pegado especial**.

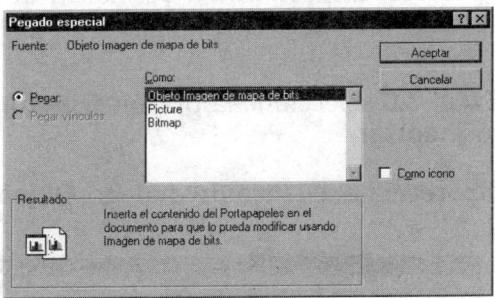

▶ Seleccione **Objeto Imagen de mapa bits** en el recuadro **Como:**

▶ Pulse el botón **Aceptar** y el objeto gráfico incrustado aparecerá de la siguiente manera:

### Crear un gráfico de Paint en Excel 7.0

Excel 7.0 ofrece la posibilidad de modificar un gráfico creado en Paint.

▶ En Excel 7.0 seleccione la opción **Objeto...** del menú **Insertar**.

▶ ... y aparecerá el cuadro de diálogo **Objeto**.

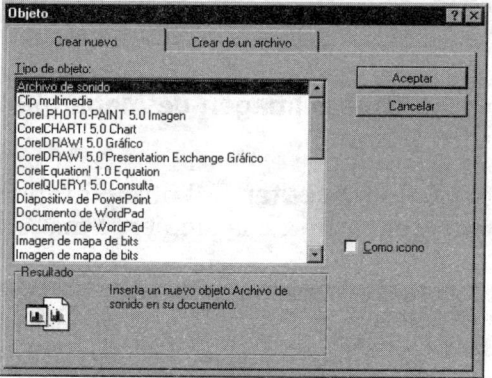

▶ Haga doble clic en **Imagen de mapa de bits**, y aparecerá la ventana principal de Paint.

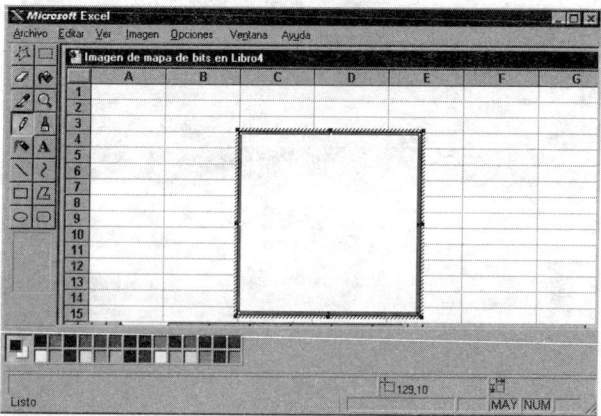

 Edite el dibujo como si estuviera trabajando con Paint. Al hacer clic fuera del cuadro se restaura la ventana del documento de Excel 7.0 y se observa el objeto incrustado.

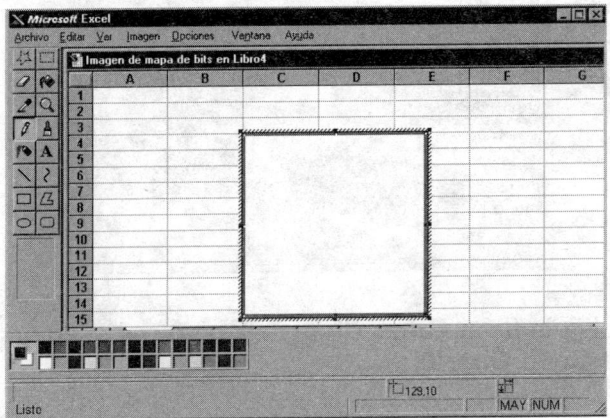

## Importar un objeto guardado en un archivo

En algunas ocasiones necesitará incrustar en la hoja de cálculo un objeto gráfico que se encuentra almacenado en un archivo. Para esto, proceda así:

 Seleccione la opción **Objeto...** del menú **Insertar**.

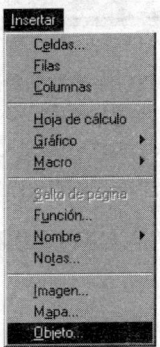

▶ ... y aparecerá el cuadro de diálogo **Objeto**.

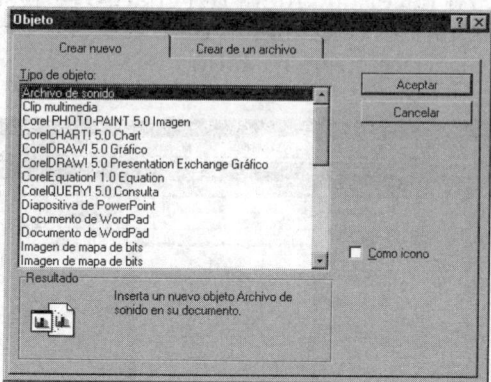

▶ Elija la ficha **Crear de un archivo** del cuadro de diálogo **Objeto**.

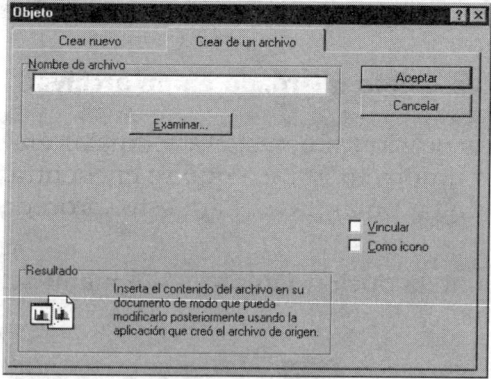

▶ En la casilla **Nombre del archivo** digite la ruta completa del archivo donde se encuentra el dibujo. Por ejemplo, suponga que tiene el archivo LOGO.BMP en la carpeta EJEMPLOS.

▶ Haga clic en el botón **Examinar...**

◗ ... y aparecerá el cuadro de diálogo **Examinar**. Busque la carpeta y seleccione el archivo, en este caso LOGO.BMP.

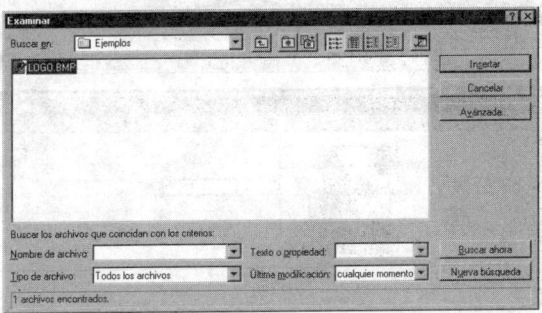

◗ Pulse el botón **Insertar** para regresar al cuadro de diálogo **Objeto**.

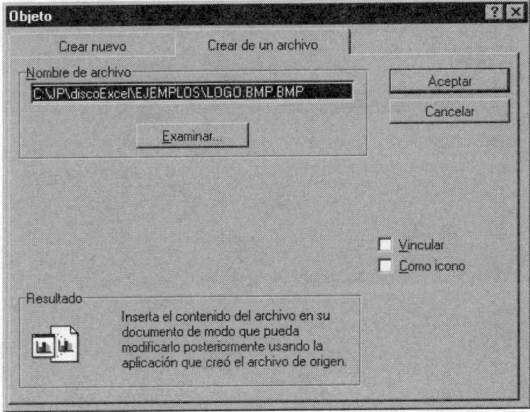

▶ Finalmente, oprima el botón **Aceptar** para
incrustar el objeto.

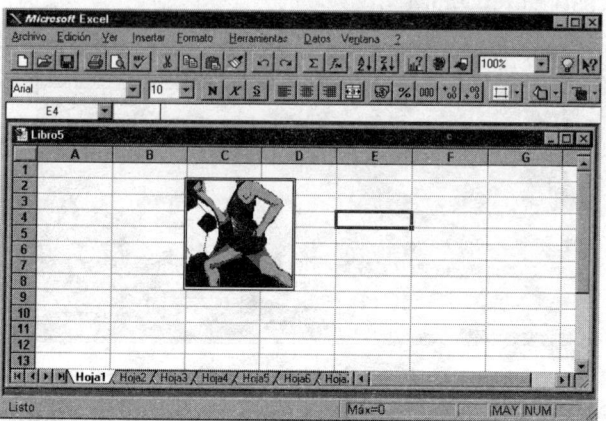

# Plantillas

Además del libro de trabajo en general, Excel 7.0 ofrece plantillas para documentos como facturas, administrador de préstamos, gastos, pedidos, ofertas comerciales, solicitud de cambio, entre otras.

En este capítulo se trabajará paso a paso la realización de una factura. Para las otras plantillas los procedimientos son similares.

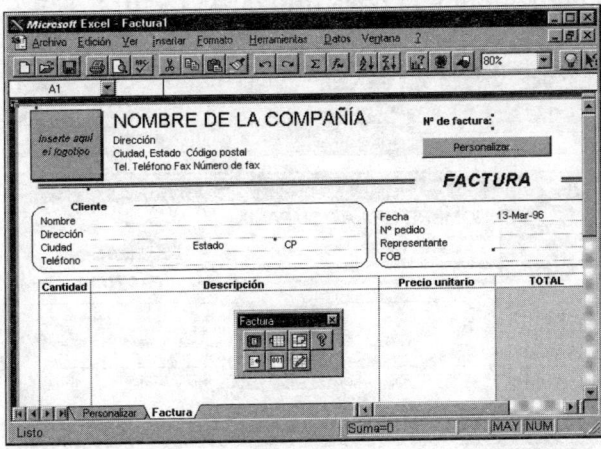

◗ Seleccione la opción **Nuevo** del menú **Archivo**.

◗ ... y aparecerá el cuadro de diálogo **Nuevo**.

◗ Escoja la ficha **Soluciones hoja de cálculo** y aparecerán en la ventana las plantillas de los documentos disponibles:

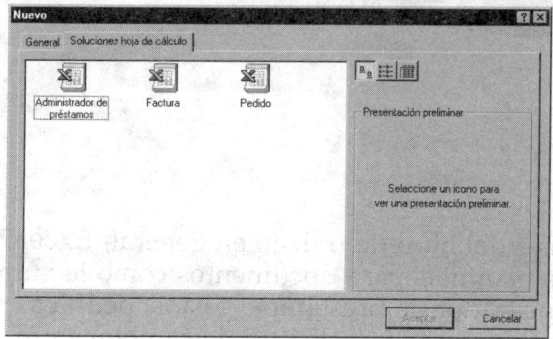

◗ Seleccione el icono **Factura** y haga clic en el botón **Aceptar**.

◗ ... y aparecerá la ventana de Excel con una barra de herramientas para utilizar la factura.

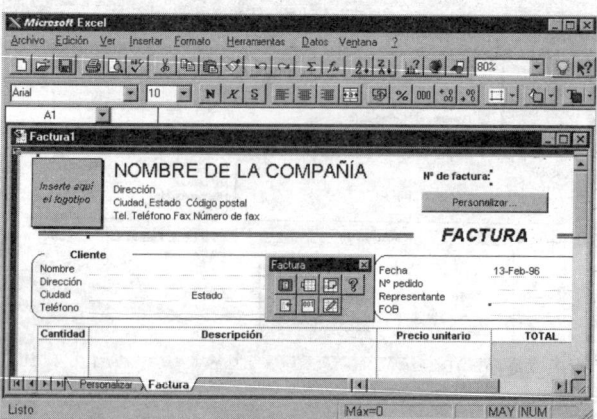

◗ Aparecen dos hojas de cálculo con el nombre de **Personalizar** y **Factura**. La hoja **Personalizar** inicialmente se encuentra oculta y al seleccionarla equivale a pulsar el botón **Personalizar...** de la ventana de trabajo.

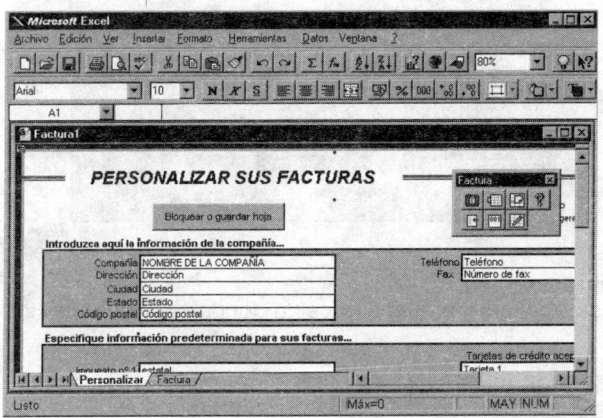

La barra de herramientas **Factura** permite realizar algunas operaciones sobre la factura, por ejemplo, mostrar la factura completamente y otras opciones asociadas a los botones.

 **Mostrar completa o restaurar tamaño**
Al pulsar este botón se muestra la hoja completa; si se oprime nuevamente, restaura el tamaño de la misma.

 **Ocultar o mostrar sugerencias de celda**
Con este botón se ocultan las sugerencias de las celdas (están representadas por puntos rojos); al pulsarlo nuevamente, las oculta.

**Adjuntar nota**
Este botón activa el cuadro de diálogo **Notas**, en el que puede crear una nota para adjuntarla a la factura.

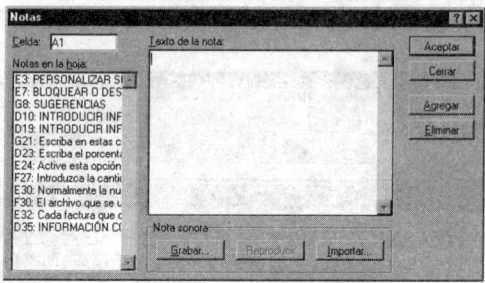

**Celda:**
En este recuadro aparece la celda donde se incluirá la nota.

**Texto de la nota:**
En este recuadro se almacena el texto de la nota.

**Notas en la hoja:**
En esta ventana aparece una lista con los nombres de las celdas y parte del texto correspondiente a las notas.

**Agregar**
Al oprimir este botón se incluye la nota en la celda especificada.

**Eliminar**
Elimina una nota seleccionada en el recuadro **Nota en la hoja:**

**Nota sonora:**
Permite grabar, reproducir o importar notas sonoras.

**Aceptar**
Cierra el cuadro **Notas** y guarda cambios.

**Cerrar**
Cierra el cuadro **Notas** sin guardar cambios.

**Mostrar u ocultar ejemplo**
Al pulsar este botón, **Excel 7.0** muestra un ejemplo o
lo oculta.

**Asignar número**
Permite asignar un número a la factura.

**Capturar datos en la base de datos**
Permite la creación e interacción con la base de datos
generada por el asistente de plantillas.

**Ayuda**
Al pulsar este botón aparece la ventana **Microsoft
Excel Templates Help**.

## Agregar notas a la factura

▶ Seleccione la celda a la cual desea agregar una
nota, por ejemplo, Nombre.

▶ Pulse el botón **Adjuntar nota** de la barra de
herramientas **Factura**.

Adjuntar
nota

▶ ... y aparecerá el cuadro de diálogo **Notas:**

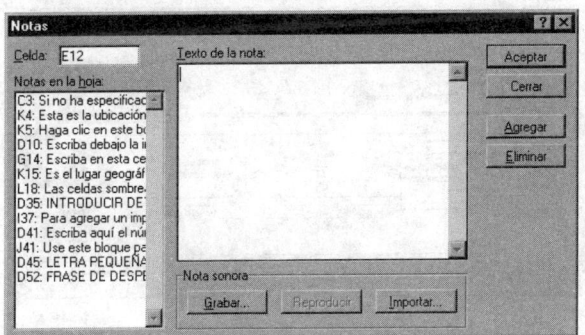

▶ En el recuadro **Texto de la nota** digite la descripción para celda, por ejemplo, Aquí se incluye el nombre del cliente.

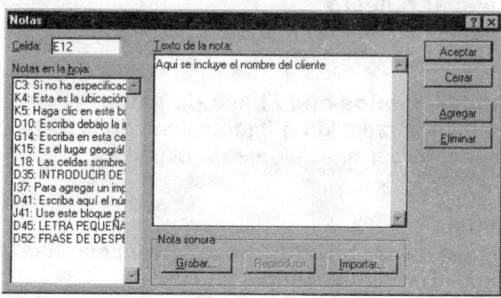

▶ Pulse el botón **Aceptar**.

▶ Al regresar al documento **Factura**, aparecerá en la celda un punto rojo indicando que existe una descripción para la celda.

▶ Oprima el área entre puntos rojos y aparecerá el mensaje que digitó.

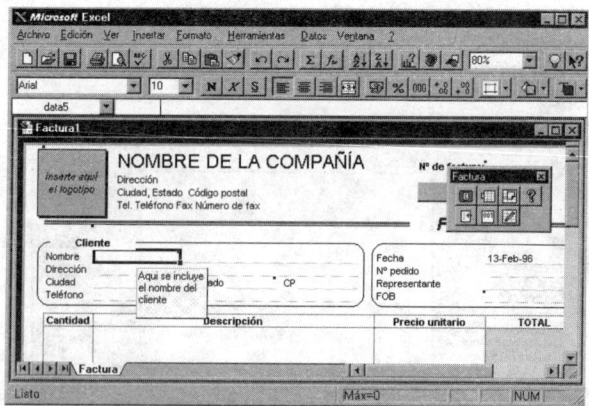

La plantilla Factura presenta opciones de configuración específicas como las que se explican a continuación.

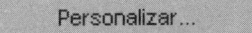

**Personalizar...**
Al oprimir este botón o seleccionar la hoja **Personalizar** aparece la ventana **Personalizar sus facturas**.

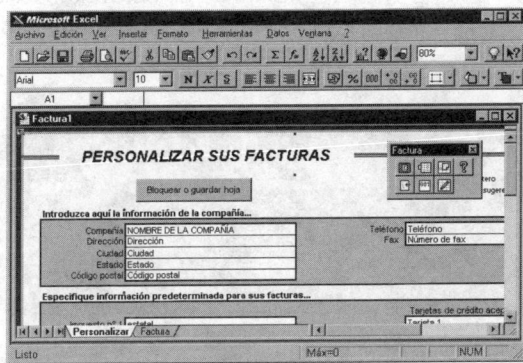

**Bloquear o guardar hoja**
Al hacer clic en este botón aparece el cuadro de diálogo **Bloquear o guardar factura**.

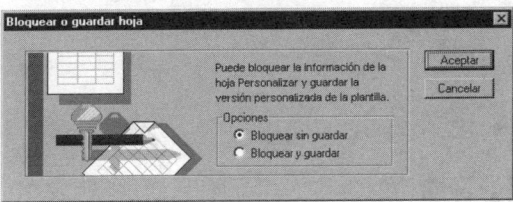

**Opciones**

⊙ **Bloquear sin guardar**
Esta casilla activada no permite hacer cambios en la actual información, pero tampoco la guarda.

⊙ **Bloquear y guardar**
Guarda las modificaciones hechas.

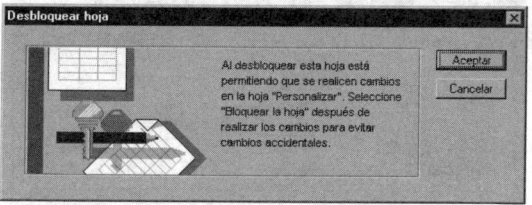

**Desbloquear hoja**
Al pulsar este botón aparece el cuadro de diálogo **Desbloquear hoja**. Este botón aparece cuando se activa la casilla de verificación **Bloquear sin guardar**.

Al pulsar aceptar, se pueden realizar cambios en la hoja **Personalizar**.

*Continúa* •••

◗ Para introducir información seleccione la celda correspondiente e introduzca los datos.

En la siguiente ventana aparecen los datos de la compañía que sirven de ejemplo en este capítulo. Estos datos aparecerán en el encabezado de la factura.

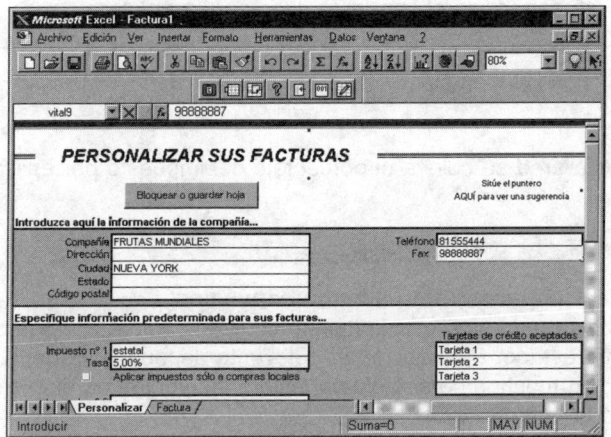

En caso de no llenar todos los espacios, aparecerán en blanco en la factura.

También puede actualizar los impuestos que afectan el valor de la factura de la siguiente forma:

◗ En la casilla **Impuesto nº 1** digite el nombre del impuesto, por ejemplo, A las ventas. *Véase* en la siguiente página explicación.

◗ En la casilla **Tasa** digite el porcentaje correspondiente al impuesto, por ejemplo, 12%.

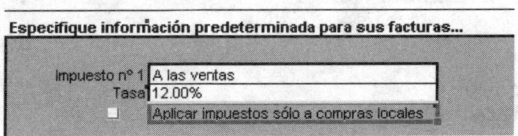

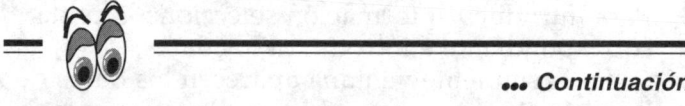

**...** *Continuación*

Impuesto nº 1 | A las ventas |

**Impuesto nº 1 (2)**
Aquí se especifica el impuesto que se va a aplicar.

Tasa | 12.00% |

**Tasa**
En esta área se coloca el porcentaje del impuesto por aplicar.

☐ Aplicar impuestos sólo a compras locales

**Aplicar impuesto sólo a compras locales**
Al activar esta casilla el impuesto se aplica sólo a clientes del
mismo estado. Esta opción es relevante dependiendo del
país; en muchos países el impuesto a las ventas es el mismo
en todo el territorio.

☐ Compartir números de factura

**Compartir números de factura**
Es necesario activar esta casilla cuando el computador está
conectado a una red y otros computadores hacen tareas de
facturación similares y, por tanto, se necesita numeración
secuencial para todas la facturas indistintamente de qué
computador facture.

Base de datos del Asistente para plantillas | c:\msoffice\excel\macros\bdfactur.xls |

**Base de datos del asistente para plantillas**
Indica la ubicación de la base de datos del asistente de
plantillas para **Excel 7.0**.

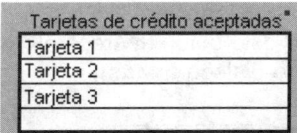

**Tarjetas de crédito aceptadas**
Aquí se digitan los nombres de
las tarjetas de crédito aceptadas; cada nombre no debe
exceder 16 caracteres.

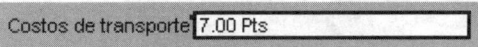

**Costos de transporte**
En esta área se establece la cantidad que se cobra por
concepto de transporte.

**Ruta del archivo contador**
En este recuadro se especifica la ruta del archivo que se
usará como contador de factura.

**Información con formato**
En esta área se encuentra la información para personalizar el
aspecto de la factura.

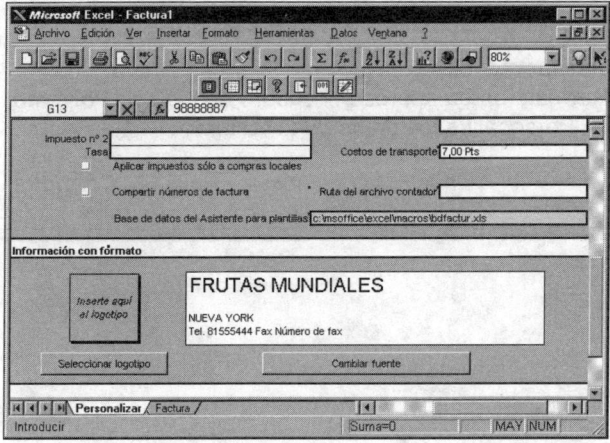

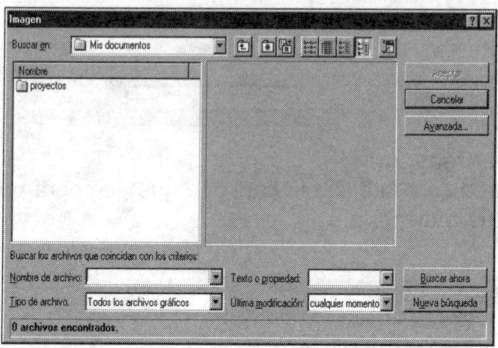

**Seleccionar logotipo**
Al pulsar este botón aparece el cuadro de diálogo **Imagen**.

Este cuadro corresponde a la opción **Abrir** del menú **Archivo**. Seleccione el archivo de donde desea importar el dibujo si lo ha creado; sino **Microsoft** le ofrece en **ClipArt** algunas opciones. Pulse el botón **Aceptar** y el dibujo aparecerá en el cuadro **Inserte logo aquí**.

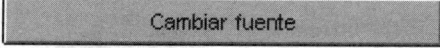

**Cambiar fuente**
Al pulsar este botón aparece el cuadro de diálogo **Formato celdas**. Personalice los datos de la factura.

*Continúa* •••

▶ Guarde la hoja **Personalizar** haciendo clic en el botón **Guardar** de la barra de herramientas.

Guardar

▶ Seleccione la hoja **Factura** y complete la información del cliente.

▶ Los datos que debe llenar son Cantidad, Descripción y Precio unitario.

La columna TOTAL aparece en color azul, no introduzca datos en ella, esta columna contiene una fórmula que hace cálculos correspondientes de manera automática. En la celda TOTAL aparece el valor total de la factura incluyendo los impuestos y el transporte que hayan sido establecidos en la hoja **Personalizar**.

▶ Para cambiar el modelo de moneda, introduzca los datos con el modelo deseado en la hoja **Personalizar**, seleccione las celdas que contengan cantidades monetarias y haga clic en el botón correspondiente de la barra de **Formato**.

▶ En el recuadro **Detalles de pago** haga clic en el botón de verificación **Tarjeta de crédito** para aceptarlas como forma de pago.

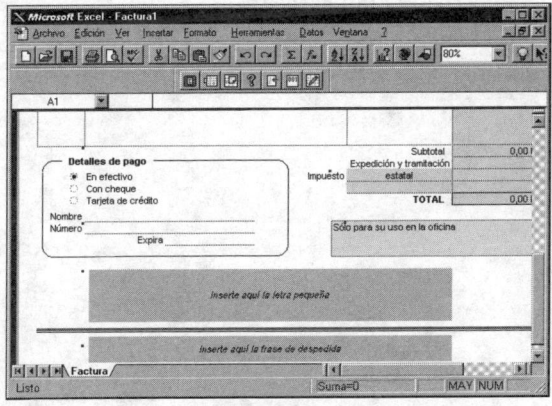

**•••** *Continuación*

**Detalles de pago**

Detalles de pago
- ○ En efectivo
- ○ Con cheque
- ● Tarjeta de crédito    Tarjeta 2 ▼

Nombre
Número
Expira

Nombre

**Nombre**
Digite el nombre de la persona que pagará la factura.

Número

**Número**
Digite el número de la tarjeta de crédito

Expira

**Expira**
Fecha en que expira la tarjeta.

# Botones

## Barra de herramientas Estándar

**Libro nuevo**
Crea un libro de trabajo nuevo.
**Ctrl + U**

**Abrir**
Abre un libro de trabajo u otro documento existente.
**Ctrl + A**

**Guardar**
Permite guardar un libro de trabajo en el disco.
**Ctrl + G**

**Imprimir**
Imprime la hoja de cálculo actual.
**Ctrl + P**

**Presentación preliminar**
Visualiza la hoja de cálculo actual en la ventana
**Presentación preliminar.**

**Revisar ortografía**
Verifica la ortografía del texto de la hoja de cálculo.
**F7**

**Cortar**
Envía el objeto o texto seleccionado al **Portapapeles.**
**Ctrl + X**

**Copiar**
Coloca una copia del objeto o texto seleccionado en
el **Portapapeles.**
**Ctrl + C**

**Pegar**
Inserta el contenido del **Portapapeles** en la posición
actual del puntero del *mouse.*
**Ctrl + V**

**Copiar formato**
Copia un formato en el rango de celdas seleccionado.

**Deshacer**
Elimina la última acción realizada.
**Ctrl + Z**

**Repetir**
Vuelve a ejecutar la última orden realizada.
**F4**

**Autosuma**
Permite sumar el contenido de un rango de celdas
seleccionado.
**Alt +=**

**Asistente para funciones**
Muestra la ventana de diálogo **Asistente para
funciones** con una lista de funciones disponibles.
**Mayúsculas + F3**

**Orden ascendente**
Ordena una lista alfabéticamente en orden ascendente.

**Orden descendente**
Ordena una lista alfabéticamente en orden descendente.

**Asistente para gráficos**
Abre el **Asistente para gráficos** que permite crear gráficos rápidamente.

**Mapa**
Permite realizar un mapa con los valores de las celdas seleccionadas.

**Mostrar barra Dibujo**
Visualiza la barra de herramientas **Dibujo**.

**Zoom**
Permite ampliar o reducir la visualización de una hoja de cálculo.

**Asistente para ideas**
Permite ver la barra del **Asistente para ideas** que da sugerencias para hacer alguna acción.

**Ayuda**
Permite obtener ayuda acerca de órdenes y funciones.

## Barra de herramientas Formato

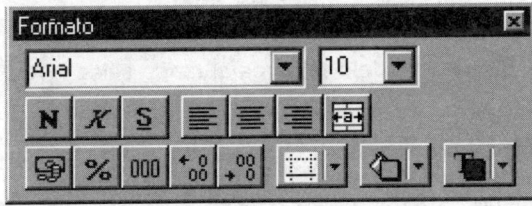

**Fuente**
Aplica un tipo de fuente al texto seleccionado.

**Tamaño de fuente**
Aplica un tamaño de fuente al texto seleccionado.

**N** **Negrita**
Coloca el texto seleccionado en negrita.
**Ctrl + N**

**K** **Cursiva**
Coloca el texto seleccionado en cursiva.
**Ctrl + K**

**S** **Subrayar**
Aplica subrayado al texto seleccionado.
**Ctrl + S**

**Alinear a la izquierda**
Alinea a la izquierda los datos seleccionados.

**Centrar en la celda**
Centra los datos seleccionados en la celda.

**Alinear a la derecha**
Alinea a la derecha los datos seleccionados.

**Centrar en varias columnas**
Centra el texto seleccionado en varias columnas.

**Modelo Moneda**
Aplica el formato **Modelo Moneda** al rango de celdas seleccionado.

**Modelo Porcentual**
Aplica el formato **Modelo Porcentual** al rango de celdas seleccionado.

**Modelo Millares**
Aplica el formato **Modelo Millares** al rango seleccionado.

**Aumentar decimales**
Inserta una posición decimal al formato del número seleccionado.

**Disminuir decimales**
Disminuye una posición decimal al formato del número seleccionado.

**Paleta portátil Bordes**
Aplica un tipo de borde al rango de celdas seleccionado.

**Paleta portátil Color de fondo**
Modifica el color del objeto gráfico o celdas seleccionadas.

**Paleta portátil Color de fuente**
Modifica el color del texto seleccionado.

## Barra de herramientas Query y tabla dinámica

**Asistente para tablas dinámicas**
Abre un asistente para crear tablas dinámicas.

**Campo de tabla dinámica**
Modifica las propiedades del campo seleccionado en la tabla dinámica.

**Desagrupar**
Desagrupa un conjunto de filas o de columnas de la tabla dinámica.
**Alt + Mayúscula + Flecha izquierda**

**Agrupar**
Agrupa las columnas o filas seleccionadas en categorías.
**Alt + Mayúscula + Flecha derecha**

**Ocultar detalle**
Oculta los detalles de una tabla dinámica.

**Mostrar detalle**
Muestra los detalles ocultos de una tabla dinámica.

**Mostrar páginas**
Crea una tabla dinámica para cada uno de los
elementos de un campo.

 **Actualizar datos**
Actualiza los datos en una tabla dinámica.

## Barra de herramientas Gráfico

 **Paleta portátil Galería de gráficos**
Permite modificar el tipo de gráfico para las celdas
seleccionadas.

 **Incrustar gráfico predeterminado**
Incrusta un gráfico con el formato predeterminado.

 **Asistente para gráficos**
Abre la ventana **Asistente para gráficos** para guiar
en la creación de gráficos.

 **Líneas de división horizontales**
Visualiza  las líneas de división horizontales del
gráfico.

 **Leyenda**
Visualiza un cuadro de leyenda para el gráfico.

## Barra de herramientas Dibujo

 **Línea**
Dibuja líneas rectas.

 **Rectángulo**
Permite dibujar rectángulos y cuadrados.

 **Elipse**
Permite dibujar elipses y círculos.

 **Arco**
Permite dibujar arcos.

 **Forma libre**
Permite dibujar a mano alzada y polígonos.

 **Crear cuadro de texto**
Dibuja un cuadro donde puede introducir texto.

 **Flecha**
Dibuja flechas.

 **Dibujar a mano alzada**
Dibuja figuras a mano alzada.

 **Rectángulo lleno**
Dibuja rectángulos y cuadrados con un tipo de relleno.

 **Elipse llena**
Dibuja elipses y circunferencias con relleno.

 **Arco lleno**
Dibuja arcos con relleno.

 **Forma libre llena**
Permite dibujar formas libres con relleno.

**Crear botón**
Dibuja un botón sobre la hoja de cálculo para que ejecute algún procedimiento.

**Puntero**
Permite seleccionar objetos gráficos.

**Pasar hacia adelante**
Coloca el objeto seleccionado adelante de los otros.

**Pasar hacia atrás**
Coloca el objeto seleccionado atrás de los otros.

**Agrupar objetos**
Agrupa en un solo objeto los elementos seleccionados.

**Desagrupar objetos**
Desagrupa los elementos agrupados en un solo objeto.

**Cambiar forma**
Permite modificar la forma de los polígonos.

**Sombra inferior**
Coloca una sombra inferior al objeto seleccionado.

**Paleta portátil Diseño**
Aplica un diseño o color de relleno al objeto seleccionado.

## Barra de herramientas Diálogo

**Crear rótulo**
Crea un cuadro de rótulo con texto.

**Cuadro de edición**
Crea un cuadro de edición para introducir texto.

**Cuadro de grupo**
Crea un cuadro de grupo en la hoja de cálculo.

**Crear botón**
Dibuja un botón para ejecutar un procedimiento.

**Crear casilla de verificación**
Crea una casilla de verificación.

**Crear botón de opción**
Crea un botón de opción.

**Cuadro de lista**
Crea un cuadro de lista.

**Crear desplegable**
Crea un cuadro desplegable.

**Crear cuadro combinado de lista**
Crea un cuadro de lista vinculado a un cuadro de edición.

**Crear cuadro combinado desplegable**
Crea un cuadro combinado desplegable.

**Crear barra de desplazamiento**
Crea una barra de desplazamiento.

**Crear controles de giro**
Crea controles de giro.

**Formato objeto**
Modifica las propiedades de control seleccionado.

**Editar código**
Permite incluir código o una macro al objeto seleccionado.

**Alternar cuadrícula**
Muestra y oculta la cuadrícula para alinear los objetos.

**Ejecutar diálogo**
Ejecuta el cuadro de diálogo realizado.

## Barra de herramientas Detener grabación

 **Detener grabación**
Finaliza la grabación de una macro.

## Barra de herramientas Visual Basic para Excel

 **Insertar módulo**
Inserta una nueva hoja de módulo en el libro de trabajo.

 **Editor de menús**
Crea y edita menús.

 **Examinador de objetos**
Visualiza los objetos, métodos y propiedades disponibles.

 **Ejecutar macro**
Ejecuta la macro comenzando en el punto de inserción.

**Paso a paso**
Ejecuta paso a paso una macro comenzando en el
punto de inserción.

**Reanudar macro**
Sigue la ejecución de una macro después de realizar
una pausa.

**Detener grabación**
Finaliza la grabación de una macro.

**Grabar macro**
Permite la grabación de acciones para la creación de
una macro.

**Alternar punto de interrupción**
Borra o establece los puntos de interrupción en el
código.

**Inspección instantánea**
Muestra el valor de la expresión seleccionada.

**Recorrer todo**
Recorre todo el código del procedimiento principal,
incluyendo los procedimientos secundarios.

**Recorrer principal**
Recorre sólo el código del procedimiento principal.

## Barra de herramientas Auditoría

**Rastrear un nivel precedente**
Muestra las celdas de referencias para una fórmula.

**Quitar un nivel de precedentes**
Quita un nivel de flechas precedentes.

**Rastrear un nivel dependiente**
Muestra qué fórmulas utiliza la celda seleccionada.

**Quitar un nivel de dependientes**
Quita un nivel de flechas dependientes.

**Quitar todas las flechas**
Quita todas las flechas de rastreo.

**Rastrear este error**
Muestra las celdas que causan un error.

**Adjuntar notas**
Agrega, elimina o edita notas en la celda actual.

**Mostrar ventana de información**
Muestra la ventana de información de la celda seleccionada.

## Barra de herramientas Grupo de trabajo

**Buscar archivo**
Abre la ventana de diálogo **Abrir** para buscar archivos.

**Lista de distribución**
Agrega o edita una lista de distribución en el libro de trabajo actual.

**Enviar por correo electrónico**
Envía el libro de trabajo por correo electrónico.

**Actualizar archivo**
Actualiza un archivo de sólo lectura en la última versión almacenada.

**Alternar sólo lectura**
Alterna entre los atributos de sólo lectura y lectura-
escritura del archivo.

 **Escenarios**
Visualiza, agrega y edita
escenarios.

## Barra de herramientas Aplicaciones de Microsoft

 **Microsoft Word**
Inicia Microsoft Word.

 **Microsoft PowerPoint**
Inicia Microsoft PowerPoint.

 **Microsoft Access**
Inicia Microsoft Access.

 **Microsoft FoxPro**
Inicia Microsoft FoxPro.

 **Microsoft Project**
Inicia Microsoft Project.

 **Microsoft Schedule+**
Inicia Microsoft Schedule+.

 **Microsoft Mail**
Inicia Microsoft Mail.

## Barra de herramientas Asistente para ideas

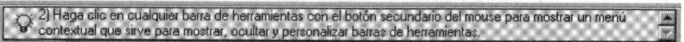

Da sugerencias para realizar operaciones con la hoja de cálculo.

## Barra de herramientas Pantalla completa

 **Pantalla completa**
Permite visualizar más partes del documento ocultando algunos elementos de la pantalla.

ÍNDICE